Henock Ndala Etercretheos

Ekklésia

Hénock Ndala Etercretheos

Ekklésia

L'Epouse du Christ

Éditions Croix du Salut

Publisher:
Éditions Croix du Salut
is a trademark of
Dodo Books Indian Ocean Ltd. and OmniScriptum S.R.L publishing group

120 High Road, East Finchley, London, N2 9ED, United Kingdom
Str. Armeneasca 28/1, office 1, Chisinau MD-2012, Republic of Moldova, Europe
Managing Directors: Ieva Konstantinova, Victoria Ursu
info@omniscriptum.com

Printed at: see last page
ISBN: 978-3-8416-1964-8

Table des matières

Avant Propos

Par les écrits de ce présent manuscrit, l'auteur veut « révéler » le sens caché de l'histoire du monde et de l'humanité. Ce manuel est d'abord révélation du salut pour aujourd'hui par rapport au passé, avec l'appui des saintes écritures. Il s'agit d'une littérature d'espérance, dans un monde dont l'histoire paraît tragique et dont le sens nous échappe complètement. C'est pourquoi ces écrits, révèlent et proclament un sens de l'histoire, comme affirmation d'une victoire de Dieu par les meurtrissures du Christ Jésus et d'une proximité du salut.

Jean en Apocalypse 19: 11 dit; "puis je vis le ciel ouvert, et voici, parut un cheval blanc. Celui qui le montait s'appelle la verité; il juge et combat avec justice".

Dans cette vision, la vérité (la Parole de Dieu) devait chevaucher un cheval blanc pour sortir, combattre et vaincre la bête. Ce cheval blanc aujourd'hui c'est le corps du Seigneur, l'Église, qui a les clés du Royaume. Ainsi la meilleure façon de combattre et vaincre la bête aujourd'hui pour sauver et libérer les âmes, c'est de veiller sur le cheval blanc (Eglise). C'est en guise de quoi nos écrits porteront sur l'épouse du Seigneur, Ekklésia.

CONFRONTATIONS

Quand la sunamite a adressé son instance au prophète Élisée, celui-ci ne descendra pas de la montagne, plutôt enverra son serviteur Guehazi chez elle avec son bâton, en lui donnant les commandements qui ramèneraient le fils mort à la vie.

Hébreux, 1:1-2 - Après avoir autrefois, à plusieurs reprises et de plusieurs manières, parlé à nos pères par les prophètes, Dieu, dans ces derniers temps, nous a parlé par le Fils, qu`il a établi héritier de toutes choses, par lequel il a aussi créé le monde.

Élisée a envoyé son serviteur avec un bâton et lui a donné un commandement, afin de sauver l'enfant mort en son absence. Cette histoire montre premièrement que la Loi a été donnée dans l'intention de sauver les hommes avant la venue de Dieu dans le monde.

Dans toute la première alliance Dieu n'est point descendu du ciel pour sauver l'homme, il a plutôt envoyé ses serviteurs avec son bâton et ses commandements (les prophètes avec les talismans et le Loi), chose qui n'a pas sauvé l'humanité du péché.

Pour Guehazi, quoi qu'ayant respecté tous les commandements d'Elisée, le fils de la sunamite ne reprit point la vie. La vie n'était ni dans le bâton ni dans les commandements, la vie était dans la bouche d'Elisée; cela nécessitait sa présence. Pour sauver l'humanité, il fallait que Dieu envoie sa parole dans le monde.

Jean, 1: 4; "En elle était la vie, et la vie était la lumière des hommes."

Signalons aussi que le nom "Guehazi" et composé de "Gay" et "Chazah", qui signifient "vallée de la vision". En bref ce nom désigne les prophètes de la zone inférieure (terre), prophètes charnels, des hommes servant Dieu avec un grand penchant pour les choses du monde.

Jésus le Christ est venu annoncé le Royaume de Dieu aux homes, mais c'est l'Église qui est arrivée; dans l'annonce du Royaume l'Église est donc catalyseur.

La différence entre Israël et l'Église est que: Dès que Élie est enlevé sa grâce retombe sur Élisée pour le permettre de traverser le jourdain à pieds fermes. C'est allégorique; "Israël doit attendre l'enlèvement de l'église, afin de recevoir le message de grâce et entrer dans le salut".

La réflexion sur l'Église est liée à l'origine du terme. Le mot « Eglise » vient du Latin ecclesia, simple transcription du grec ἐκκλησία (Ekklesia)

Les chrétiens de langue anglo-saxonne, au contraire, ont adopté plus tard un terme de la langue populaire, Kirche, church. Le mot grec ekklesia, abréviation de ἐκκλησία τοῦ Κυρίου (assemblée du Seigneur), traduit l'expression biblique qahal Yahvé, le « peuple de Dieu ».

Pour révéler ce qu'est l'Eglise du Seigneur, "Qahal Yahvé" apparaît dans la Bible surtout à trois moments de l'histoire du peuple juif:

1. **Au temps de l'Exode**:
Elle désigne la communauté du désert sortie de la servitude d'Égypte, la coalition des tribus en marche vers la Terre promise. Ici Qahal Yahvé est un peuple pèlerin, qui marche vers une terre lointaine avec une alliance, sous la direction d'un libérateur, après avoir été délivré de la puissance de pharaon, image de Satan. Nous sommes Eglise parce que nous sommes héritiers d'un Royaume à venir.

1 Thessaloniciens 4: 16-17: "Car le Seigneur lui-même, à un signal donné, à la voix d'un archange, et au son de la trompette de Dieu, descendra du ciel, et les morts en Christ ressusciteront premièrement. Ensuite, nous les vivants, qui seront restés, nous serons tous ensemble enlevés avec eux sur des nuées, à la rencontre du Seigneur dans les airs, et ainsi nous serons toujours avec le Seigneur."

2. Lors de la réforme du roi Josias et de la nouvelle promulgation de la loi (Deutéronome)

La réforme du roi Josias consistait à éradiquer tout culte idolâtre dans le royaume de Juda, cela signifie éliminer totalement; s'attaquer aux idoles, faux cultes, faux prêtre, etc. En Esaie 49: 22, une expression apparaît chargée du contenu de la prédication des prophètes: elle exprime l'idée de l'élection du peuple d'Israël, témoin de Yahvé devant les nations.

"Témoin" est le terme grec qui a donné le mot "martyr", Cela pour dire que; celui qui témoigne le fait au prix de sa vie.

Les persécutions faites à l'Église et aux serviteurs de Dieu, sont des signes vivants qui certifient que l'Église est témoin du Seigneur sur la terre.

Actes 22: 20: "lorsqu'on répandit le sang d'Étienne, ton témoin, j'étais moi-même présent, joignant mon approbation à celle des autres, et gardant les vêtements de ceux qui le faisaient mourir."

Actes 1.8: "Mais vous recevrez une puissance, le Saint Esprit survenant sur vous, et vous serez mes témoins à Jérusalem, dans toute la Judée, dans la Samarie, et jusqu'aux extrémités de la terre."

Actes 5:32-33: "Nous sommes témoins de ces choses, de même que le Saint Esprit, que Dieu a donné à ceux qui lui obéissent. Furieux de ces paroles, ils voulaient les faire mourir." Voir aussi Ac 22: 20 ; Ap 2: 13 ; 17: 6.

Le même terme pour "temoin" peut aussi être entendu dans son sens sportif; le même mot grec est traduit ailleurs par combat (2Tm 4.7) ; cf. Héb 10:32. Cela pour motrer que les temoins des Jésus sont ses combatants. Ainsi l'Eglise est une armée visible du Grand Roi, Christ Jésus.

3. Après l'exil de Babylone;

Ici l'Eglise désigne l'assemblée culturelle des juifs dispersés et rassemblés autour du Temple de Jérusalem, dans l'observance de la Torah et l'offrande d'un sacrifice spirituel.

L'observance de la loi est une marque par laquelle l'Église du Seigneur se distingue de ce monde. Nous nous reportons dans les lignes qui suivent.

INTRODUCTION

Nous ne pouvons aborder le mystère de l'église, qu'á travers sa supériorité, par rapport á la capacité d'entendement de l'homme. Elle n'est pas un fait purement naturel plutôt, elle est une pensée divine, un dessein de Dieu qui se greffe dans la vie et dans l'histoire de l'homme.

Ce ne serait pas alors si étrange quand notre langage humain, tâtonnerait á trouver un terme précis, pour définir et expliquer ce qui va au-delà de l'entendement de l'homme.

Ce que nous pouvons dire; le mon Eglise du Grec «Ek Klesia» contient le verbe «kalao», rendu par «appeler». Le préfixe «Ek» désigne l'effet de «sortir hors de».

Pour bien expliquer cela, prenons l'exemple du souffle de l'homme à travers lequel, la langue pousse vers l'extérieur (hors de) les pensées conçues dans le cœur de l'homme. Ainsi l'Eglise étant à la fois épouse et corps du Seigneur sur la terre, doit révéler ce qui est conçu dans le cœur de Dieu.

Quand le Seigneur envoie ses disciples prêcher le monde, il leur dit: «...**ce que je vous ai dit à l'oreille, préchez-le sur les toits.**» (Mt 10: 27). C'est ça «EK, Ekklésia».

Pour servir Dieu en tant que corps du Seigneur, il y a toujours un monde, une vie, ou un fleuve dans lequelle il faut sortir; il y a toujours une porte à traverser, pour quitter le monde du dehors et entrer de celui de dedans. Dieu tire toujours de quelque part et mène vers quelque part.

L'Eglise en tant que corps du Christ, doit demeurer la manifestation visible de sa personne parmi les hommes, la démonstration de l'être invisible de Dieu. D'où les pratiques de l'Eglise doivent différer de celles de l'occultisme, etc.

Cet être invisible de Dieu se construit sous la forme visible à travers l'unité des membres du corps (âmes converties) qui marchent vers la perfection du Christ. Cela signifie que la vraie convertion mène toujours l'homme vers la transformation finale. Se convertir sans se transformer c'est là que se trouve le problème des faux chrétiens.

Actes 2:42 Ils persévéraient dans l'enseignement des apôtres, dans la communion fraternelle, dans la fraction du pain, et dans les prières.

Pour essayer d'expliquer cet être invisible de Dieu qui marche vers la perfection du Christ sous la forme visible (Eglise), nous avons choisi quelques illustrations bibliques pour en parler, tout en nous bornant sur les récits d'Abraham, Jacob et Moïse.

Par rapport à Abraham: son affection pour YHWH passe par son attachement à son appel et son appartenance à Dieu. Par l'amour qu'il portait pour sa mission du patriarche, il souffrit pour apporter sa contribution à la vision de Dieu, celle de la fondation de la tribu d'Israël, qui deviendra le Qahal Yahvé (peuple de Dieu).

Par rapport à Jacob: après avoir supplanté son frère, il passera vingt ans chez son oncle, travaillant sans salaire pour fonder la tribu d'Israël. Son amour pour Dieu se démarque par son courage, ses luttes et sa détermination dans la fondation de Qahal Yahvé (Israël).

Par rapport à Moïse, pour le salut de son peuple, il abandonne les aventages du palais royal, pour souffrir avec ses frères dans le désert loin des sépulcres, des pots de viandes et de tout avantage matériel.

C'est cette même contribution que nous devons apporter par amour pour la croissance de l'Église du Seigneur.

LA MISSION DE L'EGLISE

L'Église continue à représenter le Seigneur parmi les hommes. Sur ce, elle doit refléter la vie de Jesus-Christ par ses enseignements et ses pratiques.

L'Eglise en tant que Qahal Yahvé (peuple de Dieu) vise à mener les âmes vers le Royaume du Seigneur par la renaissance, la foi en Jésus-Christ et l'observance des commandements de Dieu. Dans ce mouvement nous y trouvons ce qu'on appelle "vêtement de l'âme".

Afin d'élucider la mission de l'Église, essayons d'en parler;

Pour son honneur le corps a besoin d'un vêtement afin de cacher sa honte, et il est impossible à l'homme de marcher sans habits. C'est exactement la même chose pour l'âme qui doit se présenter devant le Seigneur.

Dieu nous a donné la Torah, et par l'accomplissement de ses commandements, nous créons les vêtements de splendeur de l'âme.

Adam et Eve n'avaient qu'un seul commandement et, ce fut l'accomplissement de celui-ci qui couvrait leur corps d'honneur. La désobéissance à ce commandement leur a laissé sans vêtement.

Apocalypse 16:15 : "Voici, je viens comme un voleur. Heureux celui qui veille, et qui garde ses vêtements, afin qu'il ne marche pas nu et qu'on ne voie pas sa honte!"

Même Dieu lui-même ne peut jamais maudire celui qui a les vêtements blancs. La malédiction n'agit que sur l'homme nu, sur celui qui n'a pas le vêtement de splendeur pour son âme, c'est-à-dire sur celui qui n'accomplie pas les commandements de Dieu.

Ainsi, chaque fois que l'on accomplis un commandement de Dieu, un habit de splendeur nous ai réservé pour couvrir la honte de notre âme dans le monde futur vers lequel l'Église nous mène, afin de nous présenter saints et propres devant le Maître du monde au grand jour du jugement. C'est ce qu'il est écrit à propos du grand prêtre Yéhochoua (Josué) en **Zacharie 3:4 : « Enlevez-lui ces vêtements souillés ! » puis : « Vois... je t'habillerai d'habits somptueux »**

Une épouse nue est une cause de scandale. Souvenez-vous que la cause de la mort d'Urie demeure le dénudement de sa femme. Quand David vu cela, il se sentit dans l'obligation de ravir la femme en tuant l'homme. De même en est-il de l'Église, chaque fois qu'elle n'accomplie plus les commandements de Dieu et, restant nue sans vêtements de splendeur comme Bath Scheba à la piscine, la colère du Seigneur s'abat sur le pasteur. **(2Samuel 11)**

Lorsque l'homme réfléchira au fait que les vêtements éternels dans lesquels il se tiendra devant Le Roi de Gloire sont uniquement confectionnés par ses commandements, il comprendra combien il doit les accomplir avec vigilance et empressement.

Il ne faut pas que les détails nécessaires à leur accomplissement manquent sinon le vêtement ne sera pas entier.

Les commandements accomplis doivent aussi être parfaits dans l'acte que dans la pensée: il ne faut pas y mêler d'orgueil et d'affront. Sinon, on trouvera des tâches de faute sur les habits comme il est écrit dans Zacharie « **Enlevez-lui ces vêtements souillés…** » Et l'homme aura honte de se tenir ainsi devant Dieu.

C'est pourquoi dans l'une des ses paraboles, dans laquelle il est question du monde futur et d'un homme ayant négligé les commandements de Dieu, Le Messie Yéshoua (Jésus-Christ) disait;

« Le roi entra pour voir ceux qui étaient à table, et il aperçut là un homme qui n'avait pas revêtu un habit de noces. Il lui dit : Mon ami, comment es-tu entré ici sans avoir un habit de noces ? Cet homme eut la bouche fermée. Alors le roi dit aux serviteurs : Liez-lui les pieds et les mains, et jetez-le dans les ténèbres du dehors, où il y aura des pleurs et des grincements de dents. » (Matthieu 22-11-13).

Lorsqu'un homme accomplit un commandement dans ce monde, de même que lui-même a fait des efforts, on lui prépare, dans le palais de Dieu, les habits qu'il portera dans le monde future, c'est-à-dire dans l'éternité.

Ecclésiaste 9 : 8 dit: « **Qu'à toute heure, tes vêtements soient blancs** »

Cela signifie qu'il faut accomplir les commandements convenablement. Grâce à l'accomplissement des commandements qui est la vie de Jesus-Christ où l'Eglise mène l'homme, des vêtements blancs seront préparés pour nos âmes avec lesquels nous pourrons nous présenter devant Dieu en tant que Qahal Yahvé.

De là, nous comprenons pourquoi le Maître Yéshoua (Jésus) apparut à Ses disciples avec des vêtements d'une blancheur inouïe, signe de de perfection, comme il est dit de Lui :

« Ses vêtements devinrent resplendissants, et d'une telle blancheur qu'il n'est pas de foulon sur la terre qui puisse blanchir ainsi. » (Marc 9:3); « son visage resplendit comme le soleil, et ses vêtements devinrent blancs comme la lumière. » (Matthieu 17:2)

L'Église en tant que corps du Christ, est l'empreinte des perfections invisibles de Dieu, rendues visibles pour le salut des hommes par la mort de Jesus-Christ.

Il n'est donné à aucun foulon sur la terre de blanchir plus que la perfection de Qahal Yahvé (Eglise). Qahal Yahvé est la représentation parfaite du Seigneur qui était sans péché, semblable à un agneau sans défaut.

Nous comprenons également bien mieux l'origine de ces vêtements blancs dont seront vêtus les fidèles disciples du Messie Yéshoua comme il est écrit :

« Ils marcheront avec moi en vêtements blancs, parce qu'ils en sont dignes.» (Apocalypse 3:4) et aussi : « Celui qui vaincra sera revêtu ainsi de vêtements blancs; » (Apocalypse 3:5)

Que la suite nous donne plus de sagacité.

CHAPITRE 1

ABRAM

Au début de l'histoire biblique, le plan du salut s'exprime de manière révélatrice avec l'appel d'Abraham (Gn 12ss). À travers la figure d'Abraham, Dieu a choisi le peuple d'Israël pour s'adresser aux hommes par la loi, se révéler à eux par le Tabernacle et ses ustensiles, les racheter du péché par les sacrifices expiatoires et les rassembler en un seul peuple pour porter son nom sur la terre, et leur mettre à part en leur menant dans la terre promise.

Ce parcours révélateur du plan divin n'était qu'ombre de ce qu'on appelle "Église", accomplie dans la personne de Jesus-Christ; Christ est notre souverain sacrificateur, notre loi, notre Tabernacle, notre offrande expiatoire, etc.

Entrer dans le salut, c'est aller vers Dieu le Père, en passant par les portes de l'Eglise, Jésus la porte des brebis. (**Jean 10: 7**).

L'Eternel s'est révélé progressivement au peuple d'Israël à travers ses envoyés, ses prophètes, comme le vrai Dieu, l'unique Dieu, le Dieu vivant, le Dieu rédempteur.

La Bible répète cette même histoire de rédemption de plusieurs manières et à plusieurs reprises, pour dévoiler le plan de bonheur que Dieu a pour l'homme.

Jérémie 29:11: "Car je connais les projets que j'ai formés sur vous, dit l'Éternel, projets de paix et non de malheur, afin de vous donner un avenir et de l'espérance."

Depuis la période où l'homme mange les produits de la terre jusqu'à l'âge où l'homme mange les bêtes de champ sans boire leur sang, cette même histoire de rédemption est reprise jusqu'à ce que le Fils de Dieu donnera sa propre chair et son propre sang aux hommes, en passant par le rabais, l'incarnation dans la chair, la pendaison, la résurrection et l'ascension.

Ainsi dans l'histoire de l'humanité, le bois du calvaire demeure le point culminant de l'histoire de la rédemption de l'homme dans toute la Bible, partant de Genèse à Apocalypse, c'est le prima depuis la foundation du monde. Donc si l'amour s'élève plus haut, c'est pour atteindre le boit.

Dans ce premier chapitre, nous allons essayer de reprendre cette même histoire de la redemption, en jetant un coup d'œil dans la vie du patriarche Abraham.

Sachant que l'on raconte une histoire pour expliquer une autre histoire, nous allons aborder en détail l'histoire d'Abraham, son appel, Son alliance avec YHWH, son mariage, etc. Pour parler de l'Eglise.

a. SON APPEL

La première partie de la vie d'Abraham illustre le chemin de la foi qui répond à l'appel de Dieu, les obstacles qui se dressent sur ce chemin, la foi qui s'y engage, et les bénédictions, de même que les manquements, les tentations et les conflits que le croyant y rencontre.

Ici Dieu trouve Abram en Ur dans la maison de son père Terah qui, selon Josué 24: 2, adorait les dieux étrangers avec Nahor. De là YHWH l'appelle, lui recommandant de quitter ladite maison et sa ville pour un lieu qui lui sera montré.

C'est ce mouvement-là de quitter un lieu vers un autre, pour répondre à la voix de Dieu, que l'on appelle en grec: <EK KLESIA>, du français EGLISE, qui signifie «appeler hors de».

L'Eglise se constitue de toute personne appelée hors de l'esprit du monde par l'Évangile de la croix, pour entrer dans la communion fraternelle avec le Christ en passant par la porte de la mort au péché et la résurrection;

C'est par la mort au péché que l'Eglise se sépare de l'esprit du monde et entre dans la nouvelle alliance par l'esprit d'adoption.

Galates 4: 5: "afin qu'il rachetât ceux qui étaient sous la loi, afin que nous reçussions l'adoption."

C'est par la séparation avec sa famille, sa patrie, son entourage, etc. et la mise à part pour une mission spécifique, qu'Abraham illustre l'Église corps du Christ, qui se prépare à l'enlèvement.

L'Eglise c'est l'assemblée des voyageurs qui ont répondu à l'appel du Seigneur, pour partir d'une vie ancienne de condamnation et des ténèbres vers une vie nouvelle de liberté, de lumière et de grâce en traversant le chemin de la mort.

Romains 6: 22: "Mais maintenant, étant affranchis du péché et devenus esclaves de Dieu, vous avez pour fruit la sainteté et pour fin la vie éternelle."

Quand on lu la Genèse, on voit Abraham voyager vers Canaan avec Lot son neveu. Or Lot n'était pas appelé hors de sa patrie. Chacun avec ses bergers et son troupeau, essayant de faire corps selon Amos 3: 3.

C'est ça l'Église selon la parabole du Seigneur en Mathieu 13:30, sur le blé et l'ivraie. Seul le blé entrera dans le grenier du maître à la moisson. Lisons;

Mathieu 13: 30: "Laissez croître ensemble l'un et l'autre jusqu'à la moisson, et, à l'époque de la moisson, je dirai aux moissonneurs: Arrachez d'abord l'ivraie, et liez-la en gerbes pour la brûler, mais amassez le blé dans mon grenier."

C'est Abraham la bonne semence (blé) qui a été mêlée à l'ivraie mais, qui sera séparée d'elle pour entrer en Canaan.

Les vierges sages de l'Église aujourd'hui sont mêlées aux vierges folles du monde et, ne seront séparées d'elles qu'à l'enlèvement. (**Mathieu 25**).

Nous avions dit qu'Abraham symbolise l'Église à cause de son appel et sa mise à part pour une mission spécifique. Ladite mission consistait à initier ses descendants aux alliances et culte de YHWH.

Genèse 18: 19: "Car je l'ai choisi, afin qu'il ordonne à ses fils et à sa maison après lui de garder la voie de l'Éternel, en pratiquant la droiture et la justice, et qu'ainsi l'Éternel accomplisse en faveur d'Abraham les promesses qu'il lui a faites."

Aujourd'hui c'est à l'Église la tâche de rassembler tous les descendants d'Adam pour les initier à l'alliance de Golgotha, tout en leur séparant de l'esprit du monde, afin de les introniser dans le grenier du maître comme la bonne semence.

Ce qu'il faut comprendre est que l'Eternel avait recommandé de blesser tout celui qui devait être initié à l'alliance, commençant par Abraham lui-même. Nous nous reportons dans les lignes qui suivent.

Les personnes appelées hors de l'esprit du monde, sont habitées par l'esprit du Seigneur. Le croyant en tant qu'habitation du Seigneur en esprit, symboliserait son corps mystérieux sur la terre. Être corps mystérieux c'est devenir un moyen par lequel le Dieu invisible se manifeste.

Dieu en tant que Tout puissant, se manifeste dans la faiblesse.

Aujourd'hui la tâche de l'Eglise corps mystérieux du Christ sur la terre est de continuer la mission du Seigneur, qui consiste à sauver les âmes par la bonne nouvelle du royaume de Dieu.

1Corinthiens 1:21: Car puisque le monde, avec sa sagesse, n'a point connu Dieu dans la sagesse de Dieu, il a plu à Dieu de sauver les croyants par la folie de la prédication.

Mathieu 28:19: Allez, faites de toutes les nations des disciples, les baptisant au nom du Père, du Fils et du Saint Esprit.

Si on recourt à la définition déjà énoncée dans l'introduction, on dira que le nom Eglise est composé de Ek et Kaleo qui est le dérivé de klésis (appel). Ek signifie «hors de», mais le verbe «Kaleo» désigne le fait d'appeler quelqu'un à haute voix ou l'inviter.

Tout d'abord, être appelé c'est revêtir un nom propre ou un titre ou encore être salué par son nom.

Nous sommes appelés au salut par l'Évangile de la croix de Jesus-Christ. Ici il y a trois mystères dont: "Jésus, l'Église et le Royaume de Dieu".

Ce qui est grave c'est que; "Jésus annonçait le Royaume, mais c'est l'Église qui est venue."

Cette déclaration explique que l'Église a élargi la forme de l'Évangile qui ne pouvait être conservée comme telle dans la période qui a suivi la fin du ministère terrestre de Jésus.

C'est dans le sens du prolongement d'une même proclamation du salut que le rapport entre Jésus, le Royaume et l'Église doit être envisagé.

L'annonce du Royaume joue, en effet, un rôle important, voir capital, quand on s'interroge sur la raison d'être et la finalité de l'Église d'après le Nouveau Testament.

Dans cette perspective, le Royaume de Dieu semble nettement intervenir comme un marqueur de continuité entre Jésus et l'Église.

Comme c'est YHWH qui était le Roi d'Israël, afin de transférer cette tache-là à un homme en instaurant la royauté en Israël, il fallait appeler Samuel à haute voix par son nom; c'est ça EK KLESIA qui instaure la royauté de Christ parmi les hommes par l'appel au salut. Elle transmet une portion de la divinité de Dieu aux croyants à travers l'appel aux dons de l'esprit, aux ministères et aux opérations qu'elle dispose. Raison pour laquelle, plus tard dans la consécration de David, il sera dit à Samuel "remplit ta corne d'huile";

L'huile devait transférer à l'homme la royauté divine, la capacité de reigner sur le Qahal Yahvé. A travers l'onction l'homme devient médiateur entre Dieu et son peuple. C'est pourquoi, Christ notre médiateur est appelé Messie (oint).

Il faut aussi signaler que pour donner la Loi à Moise l'Eternel répondait à haute voix. (1Sam 3: 5; Exode 19: 19).

L'ancienne alliance explique le salut et l'enlèvement de l'Eglise á travers l'appel et le voyage d'Abram vers Canaan. Ce voyage marque la séparation avec l'ancien « moi » que toute personne a besoin d'effectuer pour entrer dans le salut et la vie nouvelle.

Pour entrer dans l'éternité future, il nous faut traverser notre désert existentiel en renonçant à nôtre être ancien. C'est le plus haut niveau qu'un chameaux voyageur, portant une charge sur sa bosse (homme pèlerin) puisse atteindre dans sa marche.

Matthieu 16:24: "Alors Jésus dit à ses disciples: Si quelqu`un veut venir après moi, qu`il renonce à lui-même, qu`il se charge de sa croix, et qu`il me suive".

Pour entrer en Canaan Israël doit traverser le désert comme un peuple qui a renoncé à soi-même, comme un chameaux qui porte une provision pour le voyage. Aujourd'hui l'Eglise traverse ce monde comme un desert, vers un Canaan à venir.

Abram est parti d'un héritage ancien et visible vers un héritage nouveau et dont son œil n'avait jamais vu. Cette transposition s'effectuera dans l'enlèvement l'Eglise qui ira dans les airs, passant du visible á l'invisible, de la vie mortelle á la vie immortelle et éternelle.

Devenir corps du Christ, c'est partir d'un degré de vie charnelle, vers un degré de vie spirituelle; d'un monde ancien d'en bas, vers un monde nouveau d'en haut.

EK KLESIA définit par le voyage d'Abram la transformation nécessaire qu'une âme doit subir pour devenir héritière de la vie éternelle.

Ce voyage symbolise le passage par la mort au péché avec le Christ, pour entrer dans le renouvellement et la vie éternelle, en revêtant l'innocence de l'agneau.

b.   SON ALLIANCE AVEC YHWH

Hébreu : beriyth

Grec : diathèkè

Latin : testamentum

Emplois : A.T.: 287fois; N.T.: 33fois

Le mon alliance de l'hébreu "Beriyth", vient de la Racine "Barah" qui supporte les définitions suivantes; Manger, consommer une nourriture, donner à manger ou faire prendre de la nourriture.

Barah illusrtre l'allaitement qu'une nourrice donne à un nourrisson; c'est l'affaiblissement de la lumière de la Shékinah dans les zones sombres de l'âme humaine. C'est pourquoi dans l'alliance de Jonathan, Mephiboscheth doit manger à la table du roi David. Je m'explique:

Quand Jonathan son père est mort, Mephiboscheth avait une nourrice et n'avait que 5ans. Comme elle fuyait la guerre, l'enfant tomba et resta boiteux. (**2Sam 4: 4**).

La première nourrice de Mephiboscheth c'est celle qui le laisse avec un défaut physique, image du péché selon Jean 9: 1-2. La deuxième nourrice c'est la table du roi David qui couvre son défaut.

La première alliance a plongé les hommes dans le péché, car quand la loi vient le péché reprend vie.

Romains 7: 9: Pour moi, étant autrefois sans loi, je vivais; mais quand le commandement vint, le péché reprit vie, et moi je mourus.

C'est pourquoi l'auteur aux hébreux dit que **"si la première alliance avait été sans défaut, il n'aurait pas été question de la remplacer par une seconde". (8: 7)**

C'est dans la deuxième alliance que Dieu doit couvrir tout defaut de ses enfants.

Nous référant aux définitions déjà citées concernant le mot "beriyth", dont; "manger, nourrir, etc. Celles-ci pointent du doigt la présence d'un sacrifice à faire pour contracter une alliance, afin de signifier que depuis le temps de Noé, on entre pas en alliance mains vides.

La différence entre la première et la deuxième alliance est que; dans la première alliance Dieu mange les biens de l'homme, lui dépouille, lui vend le pardon en échange avec un sacrifice mais, dans la nouvelle alliance c'est l'homme qui mange la part de Dieu; Dieu donne son pardon gratuitement à l'homme. Ici c'est Dieu qui court à la recherche de l'homme.

Dans la première alliance Dieu vend le pardon au pauvre homme qui avait été chassé mains vides du jardin, et c'est pourquoi elle est une alliance de la mort, qui marque l'absence de l'amour à cause de péché.

Quand Dieu a manifesté l'amour, il a cessé de demander à l'homme quoi que ce soit en échange avec son pardon mais, il a donné de quoi s'en procurer gratuitement; il a donné son Fils Unique.

Nous pouvons comprendre ici pourquoi, Christ devait donner son corps et son sang, pour nouer amitié entre Dieu et l'homme par l'alliance de Golgotha.

Suspendu au bois, étranglé par le supplice du calvaire, comme l'agneau de Pâques que l'on immole et rôtit au feu pour le manger en l'honneur de l'Éternel, Chris s'est livré pour le salut des hommes.

Ainsi par sa mort au bois, il devient la communion entre Dieu et l'homme, la pain de vie. Chaque fois que l'on écoute l'Évangile de sa mort, un festin nous ai donné, une nourrice nous est envoyé et une table royale est dressée pour couvrir notre défaut.

Le sens primitif du terme hébreu beriyth (alliance) était «entre-deux». Par cela l'expression «conclure une alliance», en hébreu, se dit: « couper entre deux » (karat beriyth).

Essayons de comprendre cela

"C'est ainsi qu'il chassa Adam ; et il mit à l'orient du jardin d'Eden les chérubins qui agitent une épée flamboyante, pour garder le chemin de l'arbre de vie."

Genèse 3, 24

En chassant l'homme du jardin, Dieu avait mis des chérubins sur le chemin mais, afin de l'empêcher d'y retourner, il devait donner une épée à ces derniers. L'épée devait leur servir de faire ce qu'on appelle "karat beriyth", du français "couper en deux morceaux" ou autrement "contracter une alliance".

Contracter une alliance signifie littéralement "couper en deux morceaux" (karat beriyth) nous comprenons que le chemin de l'arbre de vie, devait rester fermer jusqu'à ce qu'une victim du pacte sera coupée en deux morceaux par l'épée des chérubins, afin que Adam et Dieu passent entre les deux morceaux de son corps, pour conclure une alliance de réconciliation.

En réalité, pour ouvrir le chemin de retour, Dieu avait besoin de pactiser avec l'homme, afin d'opérer la réconciliation en versant le sang; chose faite à Golgotha.

Considérons aussi l'épée flamboyante des chérubins que l'on appelle "zayin" en hébreu, c'est-à-dire le poignard. Son interprétation symbolique évoque l'idée d'un combat intérieur qui passe par la connaissance de soi. C'est pourquoi Christ avait proposé aux hommes de vendre leurs habits pour acheter une épée. (**Luc 22: 36**)

En réalité vendre son vêtement pour acherter une épée évoque autrement "la transformation nécessaire qui brûle les oeuvres de la chair par la connaissance de soi".

La connaissance de soi est l'arme la plus tranchante que l'homme intérieur doit utiliser dans le combat de son épanouissement. C'est la plus haute forme du discernement. Se connaître soi-même afin de s'ouvrir aux autres, est la plus grande délivrance intellectuelle, c'est la porte de la liberté de l'esprit qui conduit à la maîtrise de soi.

L'épée est ce qui tranche, ce qui sépare. En l'occurrence, elle établit une séparation entre ce qui est en-dedans (le paradis avec l'arbre de Vie en son centre) et ce qui est en-dehors (le monde de la souffrance, de l'inconscience, de la haine avec le péché et la mort au centre).

L'épée nous invite à trancher en nous-mêmes, à distinguer ce qu'il y a en nous de grand et d'universel, et au contraire ce qu'il y a d'égoïste et de décentré.

Peu à peu, nous prenons conscience de nos conditionnements, et nous arrivons à combattre ce qui relève en nous de l'illusion, de la séparation, de la fausse certitude, de l'aveuglement, c'est-à-dire du préjugé.

Dieu selon sa préconnaissance a mis des chérubins sur le chemin, afin d'obliger à l'homme de passer par l'épée pour retourner vers l'arbre de vie, qui était au centre d'Eden, dans ce lieu de paix et de bonheur. Passer par l'épée, c'est premièrement mourir à soi-même pour renaître meilleur et deuxième mourir avec Jésus pour naître nouveau, dans le but d'entrer dans la communion divine et la connaissance véritable de soi-meme et de son créateur.

Naître nouveau c'est abandonner ce qu'il y a de plus obscur en nous, en particulier notre ego mal maîtrisé.

L'épée flamboyante est une épée de lumière, un baume qui offre la guérison. C'est Dieu qui nous l'offre comme une faveur, une grâce pour nous sortir des ténèbres de l'ignorance. Nous devons nous en servir et, savoir la magner c'est savoir discerner, c'est être adoubé comme un enfant de Dieu.

Quand Christ est mort, le voile du temple s'est déchiré en deux. Le voile du temple symbolise son propre corps, qui devait être coupé en deux, pour introduire l'homme en alliance avec Dieu, et les lier ensemble par la mort et cela pour toujours.

Signalons que l'expression "karat beriyth" tire son origine du rite qui, à une époque ancienne, accompagnait la conclusion d'une alliance: Après avoir sacrifié un animal et l'avoir coupé en deux sections, les deux partenaires passaient entre les moitiés de l'animal en appelant sur eux le même sort, en cas de transgression de l'alliance.

On retrouve ce rite dans le livre de la Genèse, au chapitre 15: Yahweh conclut une alliance avec Abraham et, pour signifier son engagement, passe entre les victimes animales. Ce rite permet de comprendre que l'alliance implique une relation de solidarité entre les deux partenaires.

Dans la vie du patriarche Abraham, la relation avec Dieu dans son alliance d'amour, est gouvernée par la foi. La foi est entièrement spirituelle, c'est-à-dire qu'elle est opérée par le Saint-Esprit, qui seul donne la foi. C'est de cette école qu'Isaac et Jacob apprirent à marcher avec Dieu, comme il est écrit en Genèse 18: 19:

"Car je l'ai choisi, afin qu'il ordonne à ses fils et à sa maison après lui de garder la voie de l'Éternel..."

Dans cette alliance Abraham est l'ami de Dieu à cause de sa foi. Cela signifie que: L'alliance a toujours été une relation spirituelle, déterminée par la foi, gouvernée par l'amour, visible dans le dévouement et l'obéissance.

Quand on lu Hébreu on comprend que cette alliance était l'ombre des biens avenirs, c'est-à-dire de la nouvelle alliance et c'est pourquoi elle avait pour socle;

1. la circoncision,

2. l'expiation,

3. la réconciliation.

Pour enter en Alliance avec Dieu, Abraham devait se circoncire et circoncire sa maison également. L'alliance devait amener l'initiation du fils au Dieu de son pere.

Dans le respect de l'alliance Dieu n'a pas donné aux fils de se circoncire eux-mêmes, plutôt au père de se circoncire en premier et de circoncire les enfants, les Esclaves, etc. en suite. Cela signifie que dans l'alliance le fils ne connaît Dieu que par le père; un fils sans père n'a pas Dieu, car une tête chauve n'a point d'alliance. (Voir l'histoire de Samson).

Le rôle d'un père spirituel qu'Abraham avait joué, était de presenter tout celui qui est de sa maison devant Dieu et de l'initier au culte;

La voix de l'Éternel avait déjà appelé Samuel plusieurs fois, et celui-ci n'y comprenait rien car n'étant pas initié à l'Éternel, il lui était impossible de comprendre l'appel.

L'initiation devait mener le fils à la connaissance et la compréhension du Dieu de son père. Sur ce, il fallait que Eli intervienne pour que Samuel connaisse et comprenne Dieu, et que par cela son ministère soit opérationnel.

Le père spirituel c'est la clé du ministère du fils, quand il est absent l'appel de Dieu ne pourra qu'attirer la confusion sur le fils.

Quand Élisée arrive à Guilgal il trouve la famine dans le pays, chose qui enverra le fils des prophètes à cueillir les coloquintes sauvages. Cette famine illustre la famine d'écouter la voix de Dieu qui planait au temps de Eli le sacrificateur. Cette famine fait commettre aux enfants des erreurs pendant la crise. Il faut la présence d'un père spirituel pour la surmonter.

Voici la question de Saül sur David: "de qui ce jeune homme est-il fils?".

Tout ce que David avait fait était grand mais dans le respect de l'alliance Saül va vouloir s'informer non sur le fils mais plutôt sur le père. Car, il fallait connaître le père de David afin de découvrir le Dieu de son alliance.

Pour entrer en alliance Abraham devait se blesser et blesser les siens au nom de l'Eternel par la circoncision. Dieu a donné à Abraham le mandat de blesser tous ses enfants le huitième (8e) jour.

Sur ce, huit (8) doit symboliser le point où l'homme du monde visible, apprend à s'accorder avec le Dieu invisible à travers les engagements de son père.

La maison d'Abraham se distingue par la marque de la circoncision qui est un sceau de l'Éternel sur les élus à travers l'alliance de leur père.

Cette plaie parle de la mort de la postérité de la femme qui devait être mordue par le serpent au talon, car c'est en Jésus-Christ que Dieu a décidé de tuer toute l'humanité au péché pour la renouveler incorruptible avec la marque de l'innocence de l'agneau afin que celle-ci s'accorde et se rapproche de lui.

C'est ainsi qu'un père a l'autorité de blesser son fils pour l'amener vers Dieu mais, le fils qui voit la nudité de son père est maudit.

De son vivant, le démon Nimrod a accompli un grand exploit; il a épousé sa propre mère mais, n'est pas devenu le père de ses frères. (Ge 10: 18)

Même les anges déchus ne peuvent pas jouer le rôle d'un père spirituel, car c'est Hobab qui connaît le désert et qui peut conduire le peuple en assistant la colonne de feu et de nue (appel de Dieu). Un père spirituel est un assistant dans l'école de Dieu.

Atteint par la convoitise, Ruben monte sur la couche de son père mais, il étouffe son destin en y montant. Cela signifie que le rôle qu'un père joue dans l'alliance est irrévocable, le fils ne peut pas le remplacer. (Ge 49: 4).

Les enfants de Juda sont allés vers Tamar et sont morts sans laisser d'enfants. Seul le père Juda a pu engrosser Tamar.

Là où le fils a travaillé en vain le père peut y moissonner; toute la nuit Pierre a jeté le filet en vain, mais soudain quand le père arrive, son filet se remplit au point de se casser. Il faut respecter le père car il connaît activer les ressources du ciel et de la terre.

Nous sommes dans une guerre appelée "Conflit des générations" entre père et fils.

Le dernier livre de l'ancien testament finit avec comme message réconciliation du cœur de père au fils. Malachie 4:6.

Ce qu'il faut savoir, au tour du trône il n'y a pas des jeunes plutôt des vieillards. Cela signifie que; Dieu utilise les jeunes mais s'assoit avec les vieillards.

Josué a accompli beaucoup plus que Moïse car il a réussi la mission de faire entrer le peuple dans la terre promise, mais Moïse a vu et n'a pas eu accès.

Elisée a fait le double miracle de son père Élie. Mais chose étonnante, le jour de la transfiguration c'est Moïse et Élie qui parlent avec Jésus. À savoir les exploits de Josué et Élisée ne les ont pas donné accès à la montagne de la transfiguration.

Que cela nous enseigne, les noms des enfants ne sont pas cités dans les exploits. Le miracle était attribué à l'aveugle Samson, cependant c'est un jeune homme qui l'avait conduit et sans ce dernier il ne pouvait rien accomplir.

Honneur aux pères qui font des efforts pour propulser les enfants. Les gens ont vu comment Josué a vaincu Amalek, mais n'ont pas vu les mains de Moïse, qui étaient élevées pour lui sur la colline. Ce sont les efforts de Moïse qui avaient propulsé Josué dans la victoire. C'est ça un père.

Sans Naomie difficile à Ruth de rencontrer Boaz et sans Mardochée difficile à Esther d'accéder dans le palais royal.

c. SON MARIAGE

Rappelons avant tout que "le mariage est une alliance, une "Karat beriyth". Dans le mariage les deux partenaires sont liés et forment un seul corps comme le corps de la victime du pacte avant qu'elle ne soit coupée en deux morceaux.

Mathieu 19:5: C'est pourquoi l'homme quittera son père et sa mère, et s'attachera à sa femme, et les deux deviendront une seule chair?

Le mariage c'est le principe de la respiration, qui nous enseigne qu'il faut accepter de se vider pour être rempli. Si nous cherchons à retenir la Lumière de peur qu'elle ne s'échappe, nous bloquons l'échange, nous figeons la force de vie. Ouvrir la fenêtre de son être pour recevoir la lumière de l'amour de l'être semblable à nous, c'est même cela être en alliance, c'est cela former un seul corps.

Abusons un peu sur le patriarche; Constatons d'abord que pharaon avait connu Sarah (Ge 12:19), puis affirmons maintenant qu'Abraham est tantôt le croyant exemplaire et tantôt le tricheur qui ne fait pas confiance en la parole divine.

Nous sommes les mêmes chrétiens qui manifestent la foi dans l'abondance, mais dans la sécheresse on l'abandonne. C'est ce qui donne à Satan le pouvoir de toucher à notre étoile, la détacher du ciel, la jeter par terre, la souiller dans la boue jusqu'à étouffer toute sa lumière. Pharaon l'avait fait avec Sarah, parce qu'Abraham avait refusé de faire confiance en la parole de la promesse.

Il ne faut jamais nier la femme que Dieu te donne, car toute grâce est précieuse pour celui qui ne l'a pas. Si Dieu te donne la chaise ne t'asseyes pas sur le tabouret.

Chaque péché a ses conséquences. Sarah a acquis une servante Égyptienne, et après être chassée avec Abraham par le pharaon, ils vont faire encore 10ans environ sans enfants. Sarah se décide à son tour de donner sa servante à son mari.

Un couple très compliqué avec des grandes réalités:

1) Abraham savait que Pharaon aimerait Sarah, néanmoins il a cédé sa femme pour se sauver de la mort,

2) Sarah savait qu'en allant vers Agar Abraham l'aimerait aussi, néanmoins elle a cédé son homme pour se sauver de la stérilité.

Entre ces deux partenaires l'amour n'était pas total et la jalousie était totalement absente. Au lieu de vivre l'amour conjugal, dans leur couple Abram et Saraï ont vécu jusqu'à un certain niveau l'amour fraternel. Voilà pourquoi Lévitiques réprouvera plus tard le Mariage incestueux.

Lévitique 18:12-14

"Tu ne découvriras point la nudité de la soeur de ton père. C'est la proche parente de ton père. Tu ne découvriras point la nudité de la soeur de ta mère. Car c'est la proche parente de ta mère. Tu ne découvriras point la nudité du frère de ton père. Tu ne t'approcheras point de sa femme. C'est ta tante."

Le mariage d'Abraham n'était pas un mariage idéal; c'est les types des mariages où la femme fait la princesse, la cadette pleurnicharde, la capricieuse impatiente, et l'homme essaie de tricher et de saboter.

Rapprochons Sarah de l'image de l'Église, essayons un peu de jeter un coup d'œil sur son histoire.

Difficile de comprendre Saraï, femme à plusieurs facettes. Son mariage avec Abram son demi-frère, renferme beaucoup des réalités conjugales: "Saraï était demi-soeur mais, elle est devenue epouse".

Dans ce mariage nous trouvons que l'amour fraternel avait précédé l'amour conjugal. C'est ici où se trouve l'infirmité, car pour Saraï Abram était en quelque sorte son bro, son brother. Ma sœur quand vous réduisait l'amour conjugal à l'amour fraternel, vous allez tromper votre mari avec le monde entier.

Entre Abram et Saraï, il y a eu un changement remarquable. Pour l'expliquer sur le point spirituel, nous dirons: ce sont les sœurs en Christ qui deviennent épouses de leurs frères dans le Seigneur. Mais sur le point biologique le danger plane, car c'est incestueux. Mais concernant l'Église nous dirons: "Christ notre frère, est notre époux". Cest en foi de quoi le mariage d'Abram avec sa demi-soeur illustre le mariage entre Christ et l'Église.

Ce mariage avait besoin d'une circoncision totale, pour accéder dans la destinée glorieuse. Car la destinée d'un couple n'est pas dans le fait d'avoir les mêmes liens sanguins, la même tribu, etc. Comme Abram et Saraï, mais de bâtir plutôt un seul corps dans le Seigneur.

La dysfonction du couple d'Abram était dûe au fait qu'il réduisait l'amour de sa femme à celui d'une demi-sœur biologique. La femme de son côté ne se laissait pas posséder par son homme, car lui prenant pour un demi-frère, elle ne pouvait pas hésiter de tenter une autre aventure ailleurs une fois qu'elle en avait l'occasion.

Avec ce jeu d'oiseaux, la stérilité et l'instabilité ont rongé leur couple jusqu'à la vieillesse. Cette histoire de faire passer sa femme pour sa sœur pour ne pas se faire tuer, on a un peu de mal à l'accepter. Comme l'apôtre Paul le dit "toujours comme Christ à donné se vie pour l'Église, l'homme étant le Seigneur de la femme, doit également mourir pour sa femme"

Chaque couple doit sauvegarder l'alliance qu'il a contractée devant son Dieu.

Le plus surprenant c'est que jusqu'à 80ans, Sarah n'était qu'une demi-sœur pour Abraham, fille de son père, ayant son sang mais n'étant pas totalement initié à sa vision du mariage; il pouvait la partager avec qui il voulait, or la femme est sacrée. Cependant elle également ne pouvait pas refuser ces propositions là, elle en profiter pour voir ailleurs. (Ge 20)

Voilà pourquoi avant d'acquérir le fils de la promesse, la circoncision a commencé par Abram lui-même. Après la circoncision, Saraï qui était stérile est devenue minaculeusement féconde.

Que cela nous enseigne. Dieu ne cherchait pas le coupable entre Abram et Saraï, mais Dieu cherchait à poser une alliance pour les initier à sa bénédiction.

Honorez l'alliance du Dieu qui vous a accepté en tant que mari et femme et la gloire de votre destinée éclatera, vos péché seront éffacés.

Cause de dysfonction dans le mariage d'Abram

Sarah, plus jolie pour être une épouse, elle passe pour un objet de fantasme pour son mari et les Égyptiens. Mais sa stérilité et son comportement inquiètent. Le talmud dit : "Aussi durant ces 90 ans où elle demeura sans enfant, Sarah semblait être une jeune épousée sous le dais nuptial". Autrement dit Abram ne la possèdait pas, elle avait les yeux en l'air.

Constatez que dans l'épisode de 3 anges chez Abraham, Sarah est restée à la porte de sa tente, c'était là son comportement.

Selon le commentaire de Rachi, à 100 ans elle était comme à 20 ans à l'égard du péché, et à 20 ans elle était comme à 7 ans à l'égard de la beauté.

Ce que nous pouvons dire en nous bornant sur la Bible est que; cette matriarche célèbre est tantôt la femme exemplaire et tantôt le pire de femme au foyer. Il y a les exemples à prendre chez elle en tant que femme qui désire réussir dans le marriage, et des exemples à éviter.

Elle est exemplaire, car elle donne à son homme la place d'un seigneur; elle est pire car son homme ne la pocède pas. Une femme peut respecter son mari mais si elle n'est pas fidèle elle est pire; une femme peut être fidèle mais si elle ne respecte pas son homme elle ne peut jamais être exemplaire.

1Corinthiens 11: 3: "je veux cependant que vous sachiez que Christ est le chef de tout homme, que l'homme est le chef de femme, et que Dieu est le chef de Christ."

Voilà pourquoi si le couple avait bien fonctionné, Abraham n'aurait pas senti le besoin de présenter à deux reprises sa femme comme étant sa sœur et la livrer à d'autres hommes; Premièrement devant pharaon; il est humilié par le fait que celui-ci connu sa femme; deuxièmement devant Abimelec, il montrera encore qu'il n'avait tiré aucune leçon, et dira encore de Sarah qu'elle était sa sœur et la lui cédera. Néanmoins cette fois-là la relation avec Abimelec échoue grâce à YHWH.

Sarah est une femme qui accepte de s'engager avec un autre homme pendant qu'elle est déjà mariée à un autre.

Cela illustre l'idolâtrie d'Israël qui, étant épouse du Christ, court derrière les dieux étrangers.

Pour mieux comprendre veillons considérer l'histoire de Balam; Dieu s'irrite après avoir permis à Balam de partir vers Balak qui voulait maudire Israël. Dieu ne voulait pas que Balam parte, mais comme lui le désirait, Dieu va le lui permettre pour revenir après cela lui contraindre en cours de route. Par cela nous pouvons comprendre aussi que; Peut-être les décisions d'Abraham de donner sa femme aux autres hommes, pouvaient être motivées par le comportement de celle-ci.

Ce récit laisse voir la dysfonction de ce couple; "Abraham ne réussit pas à considérer Sarah comme sa vraie épouse, Sarah aussi ne peut pas rejeter une chance de rejoindre un autre homme lorsqu'elle en a l'occasion".

En plus, Sarah est une femme jalouse et pleurnicharde. En Genèse nous voyons Léa et Rachel considérer et élever les enfants de leurs servantes comme les leurs. Mais pour Sarah ce n'était pas le cas, il fallait chasser la servante avec son enfant. (Ge 21: 10)

Beaucoup des couples sont dans la dysfonction, parce que la femme malgré son âge avancé, n'a jamais cessé de sursauter, elle ne peut qu'élever ses propres enfants et le reste ne sont que des sorciers; l'homme également de son côté, ne peut que réduire l'affection de sa femme à celle de sa demi-soeur.

Dieu avait besoin de circoncire le couple d'Abram pour le benir.

La bénédiction conjugale est une affaire d'alliance. Chaque alliance a ses interdits. Il fallait juste faire respecter quelques interdits entre Abram et Saraï pour qu'ils soient bénis et que leur couple puisse fonctionner.

Regardons un peu au-delà après la mort de Sarah pour voir encore comment va fonctionner le second couple du patriarche.

QETUWRAH (Ketura) FEMME DE DISTINCTION

Après la mort de Sarah, Abraham va se prendre une concubine du nom de "Qetuwrah". Tout d'abord, son nom qui vient de la racine Qatar, signifie "autel de parfum".

Ce nom dévoile la beauté de cette jeune femme qui, semble-t-il qu'après la mort de Sarah et le Mariage d'Isaac, Abraham se sentira seul et la prendra pour concubine (une union où la femme ne bénéficie pas de tous les avantages d'une femme mariée).

Cette jeune fille accepte la main d'un homme de 140ans environ. Ce n'est pas un mariage romantique ou une union idéale, mais c'est plutôt un mariage où la femme manifeste envers son mari l'affection d'une mère et agit comme la grande fille qui prend soin de son père.

Ce n'est pas comme les jeunes filles de nos jours, qui se prennent des sugar daddy pour de l'argent, non et non.

C'est ici la vision du mariage que Dieu avait pour l'homme, celle de lui donner une aide semblable à lui, et non pas lui donner un problème qu'il ne saura supporter. Être femme c'est savoir prendre soin de son homme, et non pas faire le make-up, faire du shopping, après cela tu ne prends pas soin de ton homme, etc.

QETUWRAH n'était pas comme les femmes qui cherchent jusqu'à un certain point de l'indépendance dans leur propre tente mais, c'est le type de femme qui se consacre au service de son mari comme une vraie aide, une servante qui prend soin d'un personnage âgé.

Sans considérer sa grande beauté, sa jeunesse face à la vieillesse et faiblesse d'Abraham, Quetuwrah manifeste amour, attachemenr et respect envers son homme, et Dieu bénis l'union par beaucoup d'enfants.

Le problème avec la stérilité du couple Abram-Saraï, n'était pas que Dieu voulait qu'ils traînent dans la stérilité mais, le problème était que le couple n'avait pas fonctionné et cela retardait la promesse; Dieu ne bénis pas un couple en dysfonction.

Il y a la part de Dieu, il y a la part de l'homme. Il fallait établir une alliance d'amour conjugale pour inviter l'homme et la femme à faire leur part, afin de faire fonctionner le couple.

Les comportements des certaines femmes nuisent et détruisent leurs couples. Je préfère en parler.

VASTHI (Esther 1)

Que les femmes me lisent attentivement, car elles sont l'image de l'Eglise, qui doit révéler l'enseignement de l'époux dans sa façon de faire. Pour ce faire, Je vais vous relater une histoire tirée du Livre d'Esther: il y avait une très jolie femme qui était reine, mariée au roi Assuérus. La Bible l'appelle "Vasthi" pour dire autrement la "précieuse", la "perle". En abusant un peu, je préfère l'appeler "la prouesse".

Elle désigne tout ce qui a de la valeur, Par abus du langage le "trésor". Vasthi est une créature sublime, une coupe en or. Avoir cette beauté c'est avoir un collier.

Cependant parmi les dix chapitres du livre d'Esther, cette précieuse femme y disparaît dès le premier chapitre et cède sa place à une autre femme.

Ici la valeur de Vasthi s'arrête à cause de l'orgueil de son cœur, son étoile s'éteint, sa gloire disparaît, son nom s'efface. (Pr 15: 25).

NB: "c'est l'orgueil de vos cœurs qui réduit votre valeur vis-à-vis de vos maris et les encourage à vous prendre des maîtresses".

Vasthi c'est le type de beauté qui devient objet de fantasme, beauté décorative.

Le roi a offert un très long festin; les hommes ont bu pendant 7jours pour 3causes: contempler la splendeur du royaume, sa richesse et la beauté de la reine Vasthi. Donc, 7jours de festin pour honorer la reine; quel amour !!! Mais l'orgueil de la femme ne sait pas apprécier les éfforts de l'homme.

Je vous avoue Chères femmes, au dernier jour du festin, la grande beauté de Vasthi n'a pas sauvé son mariage, ni empêché à son mari de voir ailleurs. Si votre mari vous honore et vous élève aux yeux de tout le monde, ne croyez pas que cela est un signe de faiblesse et n'en profitez pas pour lui manquer de respect, car le chef détient le mot fort.

Ivre de vin, le roi ressent le souci de démontrer la beauté de sa femme devant les officiers et grands de son royaume mais, Vasthi s'y oppose et refuse d'obéir à son mari. C'est ici où sa couronne tombe et son histoire royale prend fin.

Réussir dans le mariage est une question de caractère, de soumission et de respect. La plus belle façon d'aimer un homme chères Sœurs, c'est de le montrer qu'il vous est supérieur.

Être sexy ne fera jamais de vous une femme au mariage, allez-y dans des boîtes de nuit. Car la bible dit: "Femmes soyez soumises" et non pas femmes soyez sexy.

Soyez fidèles à vos maris comme l'Église l'est envers le Seigneur, soyez soumises à vos maris comme l'Église l'est envers le Seigneur. Car l'homme est le Seigneur de la femme. (1Co 11: 13).

Dans le mariage il y a des choses à supporter, à surmonter, etc. Le pardon et la sanctification doivent demeurer des conditions pour avancer et vaincre les intempéries.

Voyons un peu cela;

Chez les juifs la dernière étape du mariage, consiste d'envelopper un verre dans un linge et de le placer sous le pied du marié. Celui-ci après avoir récité quelques mots avec émotion: « Si je t'oublie Jérusalem, que ma droite m'oublie, etc. », brise avec ardeur le verre.

Le verre aussitôt éclaté, l'assemblée crie "MAZAL TOV!!! " (Bonne constellation) afin que les nouveaux mariés sachent qu'un verre s'est cassé devant l'Eternel pour leur union et qu'à travers cela, qu'ils puissent rendre gloire ensemble à Dieu dans leur vie conjugale même quand l'un ou l'autre a été brisé.

MAZAL TOV est le souhait de voir les nouveaux mariés accompagnés par la bonne étoile même dans les moments les plus sombres de la vie. En réalité la bonne étoile qui accompagne les mariés durant toute leur vie conjugale, c'est l'adoration rendue à Dieu dans l'ensemble des activités intimes du mariage.

MAZAL TOV est un symbole pour la future vie conjugale. Lorsqu'il y aura une brisure, ne vous désolez pas, dites plutôt "Mazal Tov" pour remercier l'Eternel d'être mariée avec un être humain qui peut vous blesser, qui a ses défauts, ses faiblesses et ses humeurs, et non avec un ange du Ciel.

Nous avons parler laconiquement de l'histoire d'Abraham; son appel, ses alliances, ses mariages, etc. dans le souci d'y tirer un maximum de profit pour l'épouse d'aujourd'hui.

CHAPITRE 2

MOISE LE TYPE DE L'EGLISE

En tant que socle du plan divin, nous devons considérer le voyage d'Israël, et y tirer un maximum de profit, qui sera la lumière nécessaire, nous menant á atteindre la compréhension du mystère de l'Eglise.

Les élements majeurs qui marquent ce voyage sont;

MOISE

Fils d'Amram, frère d'Aaron et Myriam, marié à Séphora l'Ethiopienne, père de Gershom et Eliézer, Moïse est le premier personnage de la Bible à revêtir l'appélation «homme de Dieu».

Étant ramassé aux eaux du Nil selon la grâce divine, Moïse devient l'image de Jésus-Christ qui, étant rejeté par les siens, devient l'espérance des nations. Moïse revêt en même temps l'image de l'Eglise par la séparation avec les eaux du Nil qui, selon l'apocalypse symbolisent les nations.

Apocalypse, 17:15 "Et il me dit: Les eaux que tu as vues, sur lesquelles la prostituée est assise, ce sont des peuples, des foules, des nations, et des langues".

Moïse est un homme qui a quatre classes de personnes dans son entourage

1. PHARAON (L'opposant de Moïse)

Avant de commencer, signalons que: jusqu'à tomber à la dixième plaie, pharaon s'opposait aux signes et miracles que Moïse éxécutait pour libérer le peuple, comme Satan s'opposait à tous les miracles du Christ jusqu'à son humiliation publique, au boit du calvaire.

Colossiens 2: 15; "il a dépouillé les dominations et les autorités, et les a livrées publiquement en spectacle, en triumphant d'elles par la croix."

Moïse se rapproche de plus en plus de l'Eglise, par son nom qui vient de la séparation avec les eaux du Nil, car le nom "Église" vient de la séparation avec le monde. Ce point sera éclairé dans les lignes qui suivent.

Pharaon est père de la mère adoptive de Moïse. Dans le texte original, la fille du Pharaon, qui sauve Moïse sur le fleuve et en devient la mère adoptive, n'est pas nommée. C'est en quelque sorte là selon notre avis, la raison de son appellation : Batparoh (בַּת־פַּרְעֹה, littéralement Fille du Pharaon), la littérature rabbinique la nomme "Bithiah", littéralement "Fille de Dieu", à cause de la compassion et la pitié dont elle a fait preuve lors du sauvetage de Moïse.

Pharaon est le nom donné dans la Bible aux souverains d'Égypte. Il vient du grec "Pharaô" et l'hébreu "par'ôh", per'ho signifiant «grande maison».

Le roi de l'Égypte était une grande maison, il était la maison mère de la sorcellerie mondiale, un socle de la puissance négative. Cela designe le grand pouvoir qu'il exerçait sur toute la terre à l'époque, en tant que grande puissance du monde. Ainsi il est l'image de Satan le prince de ce monde qui s'oppose contre le Christ, le Royaume de lumière et les saints du Très Haut.

Dans la vie ministérielle, avant d'entrer dans la gloire de la mission (Canaan), il est essentiel de défier son pharaon; chaque ministère a ses combats, ses enjeux, ses defies et sacrifices.

Le terme "grande maison" devient par la suite un titre honorifique donné aux rois d'Egypte jusqu'à l'époque perse. Dans le langage populaire et dans les contes, si le nom du roi était inconnu ou n'avait guère d'importance, on disait simplement le pharaon ou Pharaon. C'est cet usage qui est suivi généralement dans les récits bibliques. Exemples:

Le pharaon qui enleva la femme d'Abraham (Ge 12:10-20) et qu'il est inutile de chercher à identifier.

Le pharaon de l'histoire de Joseph (Ge 39 à 50).

Le pharaon « qui n'avait pas connu Joseph » et opprima les enfants d'Israël (Ex 1 et 2).

Moïse a grandi dans la religion Égyptienne, il a prefiguré l'Eglise à cause de son détachement total et sa consécration au service de Dieu; l'Eglise vient des nations. Pour devenir Église corps du Christ, il faut passer par ce détachement total, qui est une forme de renoncement à soi-même.

L'enfant qui a grandi dans le palais de Pharaon, c'est celui qui va frapper pharaon et son peuple de dix plaies. Jadis, nous étions sorciers, magiciens, païens, etc. Et ayant rencontré le Christ, nous nous opposons aujourd'hui contre la sorcellerie, la magie la mondanité, etc. C'est cette transformation dont l'Eglise a besoin.

2. JETHRO (L'excellent conseiller)

Vient de "Yether" pour désigner un excès, un reste, les autres, ce qui reste, une excellence, etc.

Jethro est le signe de richesse dans la vie d'un certain Moïse que Dieu appelle à passer le reste de sa vie au désert. Jethro a donné à Moïse une aide pour apaiser les douleurs et angoisses de la pérégrinations. Ce long voyage douloureux, divulgue l'importance de réussir le choix du conjoint qui nous accompagnera dans la destinée et de tomber surtout sur une bonne famille.

Jethro a donné à Moïse des stratégies de gouvernance, il a donné à Moïse un guide. Le succès de Moïse, vient des prédications de son beau-père. Voyons cela;

Voici l'occasion qui donna l'accès à Moïse dans la famille de Jéthro; Moïse, ayant tué un Égyptien qui maltraitait un Hébreu, fut obligé de se sauver de l'Égypte. Il se retira dans le pays de Madian, à l'orient de la mer Rouge, entre le golfe Elanitique et le golfe Héroopolite. Étant arrivé près d'un puits où les filles de Jéthro étaient venues pour abreuver leur bétail, il survint des pasteurs qui les chassèrent. Moïse défendit ces filles et fit boire leurs brebis. Leur père, ayant su ce qui s'était passé, fit venir Moïse dans sa maison et lui donna sa fille Séphora en mariage (Exode 2.15-17).

Moïse en eut deux fils, Gershom et Eliézer. Après avoir été quarante ans (Depuis l'An du monde 2473, jusqu'en 2513, Avant. Jésus-Christ 1487, Avant l'ère vulgaire 1491) chez Jéthro, il eut la vision du buisson ardent, et qui lui ordonna de tirer les Israélites de l'Égypte.

Jéthro, informé de la volonté de Dieu, lui permit de retourner dans son pays avec sa femme et ses enfants. Mais Séphora ayant été obligée de retourner à Madian auprès de son père, avant que d'entrer en Égypte, Jéthro la ramena à Moïse, dans le camp au pied du mont Sinaï, environ un an après que les Hébreux furent sortis d'Égypte.

Jéthro, ayant fait avertir Moïse de son arrivée (Exode 18.1-5), Moïse sortit hors du camp, vint au-devant de lui, se prosterna en sa présence, l'embrassa, l'introduisit dans sa tente, et lui raconta tout ce que le Seigneur avait fait en faveur des Israélites. Jéthro en bénit Dieu, lui offrit des holocaustes et des hosties pacifiques, et mangea avec Moïse, Aaron et les principaux d'Israël, en la présence du Seigneur.

Le lendemain Moïse, s'étant assis pour juger Israël, demeura dans cette occupation depuis le matin jusqu'au soir. Jéthro lui remontra que ce travail était au-dessus de ses forces, et qu'il se fatiguait mal à propos, lui et son peuple: qu'il devait choisir des hommes fermes et courageux, qui craignissent Dieu et haïssent l'avarice, afin de partager avec eux le poids du gouvernement ; qu'il leur confierait la connaissance des moindres affaires, et qu'il se réserverait celles qui seraient le plus de conséquence. Moïse se rendit aisément à cet avis, et choisit dans tout Israël des hommes de mérite, qu'il établit sur tout le peuple, les uns sur mille, les autres sur cent, les autres cent cinquante, et les autres sur dix hommes. Ils rendaient la justice au peuple; et lorsqu'il se rencontrait quelque chose de plus difficile, ils le rapportaient à Moïse.

Lorsque les Israélites furent sur le point de décamper du désert de Sinaï, pour s'avancer vers la terre promise, Moïse pria Jéthro de demeurer avec le peuple, afin de leur servir de guide dans leur voyage (Exode 18.27) ; mais Jéthro s'en excusa et retourna à Madian, laissant, comme l'on croit, Hobab, son fils, pour conduire les Israélites dans le désert (Nombres 10.29-33). Hobab entra avec eux dans la terre promise, et eut part au partage que Josué en fit. On ne sait pas ce qui arriva à Jéthro depuis ce temps.

3. JOSUE

Ayant déjà un opposant (Pharaon) et un prédicateur (Jethro) Moïse n'a pas manqué de successeur. Sans Josué, la mission de Moïse devait tourner en faillite, en laissant Israël peuple orphelin sans héritage, devant des ennemis puissants, robustes et redoutables. Ainsi, le salut d'Israël illustré par l'héritage de Canaan, est accompli avec Josué. Notre salut c'est l'héritage de la vie éternelle, qui est le Canaan à venir dans lequel Yehoshua nous mène par la croix (conquete).

Essayons d'aborder la signification de ce nom;

Yeshoua, en hébreu, provient de la racine trilittère du verbe « sauver ». Parmi les Juifs de la période du Second Temple, le nom biblique araméen/hébreu Yeshoua' était commun : la Bible hébraïque mentionne plusieurs individus portant ce nom — même parfois en utilisant le nom complet Joshua. Ce nom est typique des livres bibliques écrits après l'exil (Esdras, Néhémie, et Chroniques) et a été trouvé dans les manuscrits de la mer Morte, bien que Aggée et Zacharie préfèrent la forme Joshua. La concordance Strong relie le nom יֵשׁוּעַ, Yeshoua' (qui est utilisé à plusieurs reprises chez Esdras, Néhémie et 1 et 2 Chroniques), avec le verbe « sauver ». Il est souvent traduit comme « Il sauve » ou simplement « Sauveur » pour se conformer avec Matthieu 1 : 21; « **Elle enfantera un fils, et tu lui donneras le nom de Jésus ; c'est lui qui sauvera son peuple de ses péchés** ».

Le nom יֵשׁוּעַ, Yeshoua (traduit dans l'Ancien Testament en français comme Josué) est une forme tardive du nom hébreu biblique יְהוֹשֻׁעַ, Yehoshua (Josué), et écrit avec une lettre waw comme seconde syllabe. La forme hébreu biblique tardive des noms anciens contracte souvent l'élément théophore Yeho- en Yo-. Ainsi, יהוחנן, Yehokhanan a été contracté en יוחנן, Yokhanan. Cependant, il n'existe aucun nom (à part Yehoshua) dans lequel Yeho- est devenu Ye-.

Le nom ישוע apparaît dans l'Ancien Testament hébreu en Esdras 2:2, 2:6, 2:36, 2:40, 3:2, 3:8, 3:9, 3:10, 3:18, 4:3, 8:33 ; Néhémie 3:19, 7:7, 7:11, 7:39, 7:43, 8:7, 8:17, 9:4, 9:5, 11:26, 12:1, 12:7, 12:8, 12:10, 12:24, 12:26 ; 1 Chroniques 24:11 ; et 2 Chroniques 31:15, et aussi en araméen dans Esdras 5:2. En Néhémie 8:17, ce nom fait référence à Josué fils de Noun, le successeur de Moïse, en tant que chef des israélites.

Le nom Yehoshua a la forme d'une contraction de « Yeho- » et de « shua » : Yeho, יְהוֹ est une autre forme de יָהוּ, Yahu, un élément théophore qui représente le nom de Dieu יהוה (le tétragramme YHWH, parfois transcrit Yahweh ou Jéhovah), et שׁוּעַ, shua' est un nom signifiant « un cri à l'aide », c'est-à-dire un cri lancé par quelqu'un qui demande d'être secouru. Ensemble, le nom veut littéralement dire « Dieu est un cri à l'aide », c'est-à-dire criez vers Dieu lorsque vous avez besoin d'aide. Comme il est écrit;

"Dieu est pour nous un refuge et un appui, un secours qui ne manqué jamais dans la détresse" (Psaumes 46: 2)

«Tu as crié dans la détresse, et je t'ai délivré; je t'ai répondu dans la retraite du tonnerre; je t'ai éprouvé près des eaux de Mariba. Pause »(Psaumes 81: 8)

Une autre explication pour le nom Yehoshua est qu'il vient de la racine ישע, yod-shin-'ayin, signifiant « sauver ». D'après Nombres 13:16, le nom de Josué était à l'origine Hoshea', הוֹשֵׁעַ, et le nom Yehoshua יְהוֹשֵׁעַ est souvent prononcé pareil.

(Hébreu יהושע Yehoshua ; Grec Ἰησοῦς ; les deux noms sont identiques à Jésus) Un personnage de la Bible Hébraïque (Exode, Nombres et Josué), chef des tribus d'Israël après la mort de Moïse. Que ce soit dans le Nouveau Testament en tant que Ἰησοῦς (Jésus) ou dans les livres de Moïse en tant que יהושע (Josué ou Osée), le nom est le même (יהושע), dérivé de la racine Hébraïque ישע, « salut », « livrer/ être libéré » ou « être victorieux ». Ainsi le symbole est le même : le sauveur ou Messiah (Christ) qui est né doit être livré, pour libérer « le peuple » de la servitude, par une grande victoire.

4. BETSALEEL LE CONSTRUCTEUR

Plaçons-nous face au puissant paradoxe de cette construction du Tabernacle par Betsaleel et Oholiab: «l'homme a construit le Tabernacle dans l'ombre de Dieu; c'est Dieu qui a tout fait».

Betsaleel et son assistant ont aidé Moïse non avec des conseils comme Jethro, plutôt à réaliser sa vision; ils ont contribué au succès de son ministère; sans le Tabernacle aucun juif ne pouvait hériter la terre promise. Betsaleel et Oholiab sont ces fideles là qui prennent souvent la direction des projets de l'Eglise et contribuent au succès de leur pasteur ; ils travaillent dans l'ombre de Dieu.

« Betokham shakhantiy-ve, miqdash liy assou-Ve » בְּ, יְ תְ נְ כְ שֶׁ וְ ן עָ שׂוֹ ל יְ, מִ קְ דָּ שׁ; וְ ן עָ שׂוֹ ל בְּ תוֹכָ ם « **Ils me construiront un sanctuaire, et je résiderai au milieu d'eux** » (Exode 25, 8).

Avant toute chose signalons que le nom Betsaleel est composé de ; Be+Tsel+El: « dans l'ombre de l'Eternel ». Ce nom désigne celui qui se cache dans l'ombre de l'Eternel, autrement nous pouvons dire; Dieu sous la forme sombre ou voilée, c'est-à-dire c'est l'homme qui parait mais c'est Dieu qui agit.

Dieu s'est révélé aux juifs par la Torah et, dans l'ombre de celle-ci se cachait le Mashah (Messie). Tout out le travail de Betsaleel pour la construction du Tabernacle, symbolise l'œuvre que le Christ devait accomplir sur la terre, pour batir non le modèle mais le vrai Tabernacle, habitation de Dieu.

Tsal (ombre) vient de « tsalal » צָ לַ ל une racine primaire (identique à l'idée de « planer au-dessus - être dans l'ombre, touffu » ; devenir sombre. (Ge 1: 2).

Oholiab est composé de «Ohel» «Abba». Ce qui donne «la tente du père». Oholiab est une habitation de Dieu. Betsaleel et lui étaient pleins d'esprit. L'un est l'ombre du Christ, l'autre est la demeure de Dieu et ces deux travaillent ensemble. C'est allégorique avec l'Eglise qui a été batit par Christ et ses assistants, les apotres qui étaient des tentes du Père (Oholiab).

Abba désigne le père, celui qui donne; Ohel signifie tente, donc ; «Oholiab» c'est celui qui implante la tente du Père parmi les hommes, ou encore celui qui est la tente du Père ; il symbolise les apotres de Jésus-Christ, qui ont posé les fondements de l'Eglise sur la terre, tout en étant eux-memes l'habitation de l'esprit de Jésus.

Le livre d'Exode avait commencé avec l'esclavage en Egypte, puis s'est poursuivi avec quelques mauvaises paroles du peuple à l'encontre de Moïse, puis le péché, ensuite le veau d'or et la rébellion du peuple, puis vient la construction du Mishkan (Tabernacle) qui se dit aussi Miqdash, un mot dans lequel on retrouve la racine «qadosh» et qui donnera plus tard le «Beth HaMiqdash». Ce Beth HaMiqdash a un but : sanctifier le peuple; séparer ce qui était saint de ce qui est profane. C'est à ce point important que même Moïse ne pourra pas y rentrer ; le Tabernacle cachait quelque chose. Notons aussi que dans le nom de Betsaleel on découvre de manière cachée, la croix.

Exode 36 «1 Betsaleel, Oholiab, et tous les hommes habiles, en qui l'Eternel avait mis de la sagesse et de l'intelligence pour savoir et pour faire, exécutèrent les ouvrages destinés au service du sanctuaire, selon tout ce que l'Eternel avait ordonné. 2 Moïse appela Betsaleel, Oholiab, et tous les hommes habiles dans l'esprit desquels l'Eternel avait mis de l'intelligence, tous ceux dont le cœur était disposé à s'appliquer à l'œuvre pour l'exécuter. 3 Ils prirent devant Moïse toutes les offrandes qu'avaient apportées les enfants d'Israël pour faire les ouvrages destinés au service du sanctuaire.

La croix ne se retrouve pas telle quelle dans la Bible hébraïque si ce n'est de manière illustrée dans les caractères de la lettre « tav », la dernière lettre de l'alphabet. Pourtant le dictionnaire contemporain, révèle une racine trilitère étonnante : « tselav » צלב est une racine que l'on rencontre dans les racines du langage courant. Elle signifie : croiser, métisser, crucifier, signe de croix. La croix désigne le croisé des chemins lesquel le converti doit traverser en regardant dans quatre directions (le cœur, l'ame, l'esprit et le corps), pour atteindre la transformation finale; c'est l'aboutissement, le carrefour, le lieu de ralliement spirituel avec Dieu.

Mathieu 22: 37 ; « Jésus lui répondit: tu aimeras le Seigneur, ton Dieu, de tout ton cœur, de toute ton ame, et de toute ta pensée ». Ce verset régorge les directions du carrefour spirituel.

Tselav est donc la « croix », traverser, franchir, croiser. Avec « tselav » nous nous situons donc à la croisée des chemins là où nous sommes appelés à traverser ou à franchir un obstacle. Si on rentre plus dans le détail du mot, tselav est composée de tsel (l'ombre) et de lev (le cœur) צ ל ב tselav croix, traverser, franchir, croiser. Nous comprenons par là que c'est le cœur qui doit passer par la crucifuxion, la circoncision. Dans le domaine spirituel, le cœur du converti doit traverser un chemin croisé ; chemin du supplice, chemin de la mort; c'est la transformation finale, l'achèvement.

ל ב lev : « cœur » vient de ל ָ ב ַ lavav « ravir le cœur », « captiver » ou « blesser le cœur ». la traversée de la croisée des chemins, est le moyen par lequel le converti cède tout son être ancien, pour atteindre une nouvelle dimension de vie.

Avant de délimiter physiquement le tabernacle (longueur, largeur, hauteur, profondeur, couvertures, couleurs, etc.), Dieu veut que le peuple discerne d'abord les limites du temps, il commence par le rappel du shabbat.

« Moïse convoqua toute l'assemblée des enfants d'Israël, et leur dit : Voici les choses que l'Eternel ordonne de faire. 2 On travaillera six jours; mais le septième jour sera pour vous une chose sainte; c'est le shabbat, le jour du repos, consacré à l'Eternel. Celui qui fera quelque ouvrage ce jour-là, sera puni de mort. 3 Vous n'allumerez point de feu, dans aucune de vos demeures, le jour du shabbat.» **(Exode 35:1-3)**

Moïse convoque toute l'assemblée. «Vayaqhel» signifie « il a rassemblé », «il a recueilli», «convoqué», «assemblé». Ce verbe vient de la racine qahal ק ָ ה ל assembler, s'assembler, rassembler, assemblée, convoquer, réunir, se réunir, se former, se soulever, s'attrouper, tribunal ; (39 occurences), recueillir. Ce verbe qahal est à l'origine du mot qehilah (qui a donné en grec Ecclesia) assemblée, église, et ce n'est pas du tout un hasard si cette partie de la Torah va mettre en lumière la QEHILAH, l'assemblée des sanctifiés, le lieu de rencontre entre l'Eternel et son peuple. Ce n'est pas la Maison de Dieu, ce n'est pas le «Temple du Saint-Esprit». Le Temple du Saint-Esprit n'est pas fait de la main de l'homme. Le Tabernacle a été fabriqué par Betsaleel, «dans l'ombre de Dieu».

Pourtant ce tabernacle nous montre tous les éléments du salut, de l'œuvre de la croix, de la mission des disciples, la fraction du pain, les prières, la communion fraternelle, l'enseignement des apôtres. C'est Betsaleel lui-même qui va enseigner le peuple. Et puis il y aura aussi l'enfantement spirituel, c'est ce qui va transparaître à plusieurs reprises, entre autres dans les couvertures de tapis sur le lieu Saint.

Avant meme de lancer la construction du Mishkan (Tabernacle) Dieu évoque le 4ème commandement sur le shabbat. Après cela, il lancera les grands travaux du mishkan, la très détaillée installation des tapis, des couvertures pour le tabernacle, on y découvrira des choses cachées qui semblent être relatives à l'enfantement.

L'interdiction du travail pendant le shabbat est mentionnée avant même l'ordre de construire le tabernacle, pour insister sur le fait que l'ordre d'instaurer un mishkan venant de Dieu n'annule pas le shabbat ; Avant de délimiter physiquement le tabernacle (longueur, largeur, hauteur, profondeur, couvertures, couleurs, etc.), Dieu voulait que le peuple discerne d'abord les limites du temps.

Tous, hommes et femmes dont le cœur sera bien disposé, seront impliqués dans cette construction. La Qehilah est une affaire communautaire. Il n'y a pas de qehilah tout seul chez soi. Le travail se fait ensemble et pour que ça puisse marcher il faut le «cœur». Ce récit montre l'importance du cœur dans le domaine spirituel; on ne sert pas Dieu avec la bouche, mais avec le cœur. Comme c'est Dieu qui construit ce Mishkan, le cœur est plus important que toutes les capacités professionnelles. Le cœur a toujours été donc ce sur quoi YHWH battît son œuvre.

De nombreux matériaux sont demandés par Moïse pour la construction du Tabernacle. Il faut quand même faire remarquer que si le cœur doit être bien disposé, il y a tout de même au préalable, un ordre divin qui est signifié au peuple.

Dieu sait qui lui appartient, mais Il aime voir qui l'aime et qui est disposé pour son œuvre et qui répondra instantanément sans chercher à se justifier. Quoi qu'il en soit, devant la bonne volonté générale, Moïse va devoir faire arrêter les offrandes qui dépassaient largement ce que l'Eternel avait exigé.

La disposition du cœur dans nos assemblées, c'est une bonne réflexion à avoir pour nos assemblées car la «disposition du cœur» se voit comme à l'œil nu aujourd'hui au niveau de la richesse matérielle et spirituelle des assemblées.

La présence aux réunions et la dîme révèlent la disposition du cœur du peuple. On trouve parmi les assemblées, des assemblées riches et des assemblées pauvres. Les riches démontrent aisément une disposition du cœur : s'agira-t-il pour eux, de donner des cents, des euros, le dixième, la moitié de leurs revenus. Dans toute la description, ce qui importe pour Dieu, c'est que le peuple le serve de tout son cœur.

Les travaux du tabernacle seront « Pékoudé », c'est-à-dire minutieusement détaillés. Ce mot signifie; «mettre de l'ordre», «compter», dénombrer». Pékoudé dresse l'inventaire détaillé des matières premières, des matériaux employés pour la construction du Tabernacle, puis décrit la confection des habits sacerdotaux, le montage du sanctuaire et la consécration des cohanim. Le livre de l'Exode s'achève sur la manifestation de la gloire divine dans le sanctuaire achevé.

C'est grâce à pékoudé que le grand travail du Tabernacle s'achève. L'Eglise a besoin de pékoudé (ordre) pour atteindre son achèvement, sa maturité.

Pékoudé nous rappelle qu'on est sur terre et que nous sommes pécheurs et condamnés, que notre vie a besoin d'être rachetée; et même si c'est gratuitement, nous avons quand même à payer pour faire partie du peuple, un demi sheqel pour le comptage du dénombrement.

Pékoudé nous rappelle que contrairement à la création de l'univers, ici Dieu a fait faire le tabernacle par des hommes qu'il va oindre pour la fonction. Afin que les choses ne soient pas déviantes, qu'il n'y ait aucune erreur possible dans l'exécution de ses ordres, l'Eternel va faire avec Moïse, une inspection finale (Exode 40). Exode 38 : 21 «Voici les comptes (Paqad) du tabernacle, du tabernacle d'assignation, révisés (Paqad), d'après l'ordre de Moïse, par les soins des Lévites, sous la direction d'Ithamar, fils du sacrificateur Aaron.»

Le mishkan sera construit de la main des hommes et Dieu veut rappeler à tous que le shabbat sera un point de ralliement du temps. D'ailleurs les couvertures du Mishkan régorgent la notion du temps. On sait que Dieu est le «Maître du temps» et le peuple d'Israël sera appelé même par certains comme étant «les bâtisseurs du temps».

Dans l'Exode il y a deux types de rassemblements (Eglise). Essayons de poser la comparaison entre le rassemblement autour d'Aaron וַיִּקָּהֵל (vayiqqahel) (Ex. 32.1) et le rassemblement autour de Moise וַיַּקְהֵל (vayaqhel) (Ex.35.1)

vayiqqahel 35: 1 Exode vayaqhel Exode 32:1 La première phrase relate comment le rassemblement autour d'Aaron était grave et violent, plein de barbarie et de désordre. C'est la forme verbale «Nifal» au «vayqqtol» où le futur devient passé à cause du VAV conversif au début du verbe. Le dédoublement du qouf (qq) accentue l'idée d'un «imitateur» et d'un «singe» et on sait que ce «rassemblement autour d'Aaron» était rebelle, plein d'hommes animaux, ayant un esprit de dédoublement, un cœur double, qui retournent aux choses qu'ils ont déjà vomis. Aujourd'hui, beaucoup des Eglises, courant derrière les doctrines des démons, ne sont que des rassemblements des singes (vayqqtol), une salle de jeu sans pékoudé (ordre ou crainte de Dieu).

32:1 «Le peuple, voyant que Moïse tardait à descendre de la montagne, s'assembla autour d'Aaron»

Exode 35:1 Par contre la deuxième phrase relate comment Moïse va rassembler le peuple pour le sanctifier

«4 Moïse parla à toute l'assemblée des enfants d'Israël, et dit : Voici ce que l'Eternel a ordonné. 5 Prenez sur ce qui vous appartient une offrande pour l'Eternel. Tout homme dont le cœur est bien disposé apportera en offrande à l'Eternel : de l'or, de l'argent et de l'airain; 6 des étoffes teintes en bleu, en pourpre, en cramoisi, du fin lin et du poil de chèvre; 7 des peaux de béliers teintes en rouge et des peaux de dauphins; du bois d'acacia; 8 de l'huile pour le chandelier, des aromates pour l'huile d'onction et pour le parfum odoriférant; 9 des pierres d'onyx et d'autres pierres pour la garniture de l'éphod et du pectoral. 10 Que tous ceux d'entre vous qui ont de l'habileté viennent et exécutent tout ce que l'Eternel a ordonné : 11 le tabernacle, sa tente et sa couverture, ses agrafes, ses planches, ses barres, ses colonnes et ses bases; 12 l'arche et ses barres, le propitiatoire, et le voile pour couvrir l'arche; 13 la table et ses barres, et tous ses ustensiles, et les pains de proposition; 14 le chandelier et ses ustensiles, ses lampes, et l'huile pour le chandelier; 15 l'autel des parfums et ses barres, l'huile d'onction et le parfum odoriférant, et le rideau de la porte pour l'entrée du tabernacle; 16 l'autel des holocaustes, sa grille d'airain, ses barres, et tous ses ustensiles; la cuve avec sa base; 17 les toiles du parvis, ses colonnes, ses bases, et le rideau de la porte du parvis; 18 les pieux du tabernacle, les pieux du parvis, et leurs cordages; 19 les vêtements d'office pour le service dans le sanctuaire, les vêtements sacrés pour le sacrificateur Aaron, et les vêtements de ses fils pour les fonctions du sacerdoce.» Après que l'offrande ait été apportée «20 Toute l'assemblée des enfants d'Israël sortit de la présence de Moïse. 21 Tous ceux qui furent entraînés par le cœur et animés de bonne volonté vinrent et apportèrent une pour, assignation'd tente la de œuvre'l pour ה יְהֹן ת רוּמַ תָּ-ת אֶ יאו ב הֶ **Eternel'l à offrande tout son service, et**

pour les vêtements sacrés. 22 Les hommes vinrent aussi bien que les femmes; tous ceux dont le cœur était bien disposé apportèrent des boucles, des anneaux, des bagues, des bracelets, toutes sortes d'objets d'or; chacun présenta l'offrande d'or qu'il avait consacrée à l'Eternel.» (Exode 35:20-22)

L'abondance était telle que l'on va retrouver dans presque chaque verset, le même verbe «ils apportèrent» heviyou, vayavoou, vayaviyou, etc. tous des verbes conjugés au «hifil» c'est-à-dire «faire faire», «faire apporter». yéviyeah

Il s'agit ici du domaine de l'homme qui est la chose la plus importante. Parmi toute la connaissance de la Parole de Vie, une seule chose est importante chez l'homme : le cœur. Dieu ne regarde ni aux apparences, ni à la connaissance, ni aux capacités ou compétences, mais Dieu est attentif au cœur. Mais attention : parfois on croit recevoir de Dieu quelque chose puis on veut le dire à tout le monde alors qu'en réalité, c'est le cœur tout seul qui s'invente des soit-disant pensées de Dieu. Et alors de ce cœur non régénéré, sortent des pensées hostiles ou un manque de zèle pour l'œuvre de Dieu ou encore toutes sortes de raisonnements pour justifier que Dieu n'a jamais demandé telle ou telle chose, que Dieu n'a jamais ordonné le principe de la dîme, que Dieu n'a jamais instauré une hiérarchie pastorale, que l'école des disciples ça ne vient pas de Dieu, que nous sommes tous sacrificateurs et que donc nous sommes égaux devant Dieu et donc que nous n'avons plus à écouter ni Moïse ni aucun pasteur. C'est précisément ce qui s'est passé avec Dathan Koré et Abiram. dans Nombres 16:3. La terre engloutit 250 hommes. le mot «bala» pour engloutir signifie avaler, envelopper, périr, détruire, perdre, arracher, anéantir. Leur perdition est écrite comme un avertissement pour les rebelles.

N'oublions jamais cet avertissement de l'apôtre Paul en Hébreux 13: 17 **«Obéissez à vos conducteurs et ayez pour eux de la déférence, car ils veillent sur vos âmes comme devant en rendre compte; qu'il en soit ainsi, afin qu'ils le fassent avec joie, et non en gémissant, ce qui ne vous serait d'aucun avantage».**

Les mauvaises pensées du cœur Matthieu 15:19 « **Car c'est du cœur que viennent les mauvaises pensées, les meurtres, les adultères, les impudicités, les vols, les faux témoignages, les calomnies.**» Marc 7:21 « **Car c'est du dedans, c'est du cœur des hommes, que sortent les mauvaises pensées, les adultères, les impudicités, les meurtres** » **Le cœur est un véritable moteur. On sait que l'homme marche selon son cœur. Plusieurs points intéressants à décrire ici : ceux qui sont «entraînés par le cœur** » sont portés, transportés, soulevés par leur propre cœur. Les actions de l'homme, qu'elles soient bonnes ou mauvaises viennent toujours du cœur : Luc 6:45 **«L'homme bon tire de bonnes choses du bon trésor de son cœur, et le méchant tire de mauvaises choses de son mauvais trésor; car c'est de l'abondance du cœur que la bouche parle.»**

Le peuple hébreu, sous l'impulsion de son propre cœur, était bien disposé. On sait que ce sera provisoire et que cela changera de très nombreuses fois dans toute l'histoire biblique du peuple hébreu. **«21 Tous ceux qui furent entraînés par le cœur et animés de bonne volonté»**. יאו בְ הֵ אֹתוֹ רוּחוֹ ה בָ נָדָ ר שֶׁ אֶ לכֹ וּ בוֹ ל אוֹ ר־נְשָׂ אֶ יֹשׁ ל־א כָ יָבֹאוּ נ

vayavoou kol ish asher nesao libo vekol asher nadvah rouho oto heviyou

Et ils venaient - tout homme - qui (heureux) - entraîné par son cœur - de son esprit de bonne volonté שׁ: דֶ קֹ הֵ יָ דֶ גָּ בְּ וֹלתוֹ בֹד לְעֵ כָ וֹלד מֹוֹע ל אֹהֶ ת אֹכֹ לֹ מָ ל ה יְהֹן ת הֹוֹם ת־תָ אֶ Ceux qui étaient entraînés par le cœur se dit «vayavoou kol ish asher nesao libo» et nesao libo vient des racines nasa + lev : porter + cœur --> le cœur qui (trans)porte, le cœur qui élève, qui pardonne...

Nasa ou nasah נָשָׂ אֶ ou סָנ הָ une racine primaire v - Ps 4.7 porter, transporter, supporter, soulever, lever, élever, pardonner, prendre, suffire, accorder une grâce, être chargé, prendre. Le cœur a une capacité limitée pour porter et supporter : Le «cœur» est l'un des éléments de l'homme qui est le plus sensible : s'il y a trop d'orgueil, il ne peut résister et alors il «tombe», il s'enorgueillit et finalement ne plaît plus à Dieu. S'il y a trop d'amour et pas assez d'intelligence ou de sagesse, alors il dévie du droit chemin. Pour servir Dieu, il faut au départ un esprit de bonne volonté qui va bien disposer le cœur. Ce cœur va susciter des actions positives. Mais il est important de bien comprendre d'où vient l'impulsion de départ : si le cœur est régénéré, alors le cœur est d'abord soumis à la Rouah Hakodesh : asher nadvah rouho signifie «dont l'Esprit est de bonne disposition».

La bonne disposition ne peut venir que de l'Esprit de Dieu. En soi, l'homme n'a pas de bonne disposition. Par nature, il est rebelle. Genèse 4 : 13 «**Caïn dit à l'Eternel : Mon châtiment est trop grand pour être supporté** »

Les eaux qui représentent le malheur et le péché soulèvent l'arche de Noé. Seule l'enduisage du bois de gopher de l'arche par du poix de kopher (qui représente l'expiation des péchés) sauve l'arche et ses habitants : Genèse 7 : 17 «**Le déluge fut quarante jours sur la terre. Les eaux crûrent et soulevèrent (Nasa) l'arche, et elle s'éleva au-dessus de la terre.**»

Le cœur a besoin d'être pardonné : Genèse 18 : 26 «**Et l'Eternel dit : Si je trouve dans Sodome cinquante justes au milieu de la ville, je pardonnerai (Nasa) à toute la ville, à cause d'eux.**»

Le cœur a été entraîné : Genèse 19 : 21 «**Et il lui dit : Voici, je t'accorde encore cette grâce (Nasa), et je ne détruirai pas la ville dont tu parles.**» Cela indique que le cœur a été «transporté», «pardonné» et qu'une grâce lui a été accordée. Ce cœur a été chargé d'un poids : celui de «porter» le peuple. Dieu dirige nos cœurs : La bonne volonté est venue comme une semence plantée par Dieu. «**car c'est Dieu qui produit en vous le vouloir et le faire, selon son bon plaisir.**» (Philippiens 2:13)

D'ailleurs, si notre cœur nous condamne mais que Dieu ne nous condamne pas, Dieu n'est-il pas le Maître de notre cœur ? « **car si notre cœur nous condamne, Dieu est plus grand que notre cœur, et il connaît toutes choses.**»

(1 Jean 3:20) « **mais la parure intérieure et cachée dans le cœur, la pureté incorruptible d'un esprit doux et paisible, qui est d'un grand prix devant Dieu.**» (1 Pierre 3:4)

LA SHEKINHA;

« Malheur à ceux qui appellent le mal bien, et le bien mal, Qui changent les ténèbres en lumière, et la lumière en ténèbres, Qui changent l'amertume en douceur, et la douceur en amertume ! » (Ésaïe 5:20)

Lorsque des chrétiens disent : « je ressens la présence de Dieu » ou encore « l'Esprit de Dieu est dans ce lieu », en hébreu, ils parlent de la Shrina, tout simplement.

Le terme Shekhina est dérivé de la racine hébraïque Shakhan, qui en hébreu biblique, signifie littéralement « être installé, habiter, ou résider », et est fréquemment employé dans la Bible hébraïque.

On voit ce terme dans la Torah, par exemple, dans le livre de l'Exode, chapitre 25, verset 8 :« **Et ils me construiront un sanctuaire, pour que je réside [Shakhan] au milieu d'eux** ».

L'objectif majeur du Tabernacle était l'installation de la Shékinah, qui sera la presence de Dieu manifestée sur la terre mais au-delà du voile. Ce voile symbolise la mort. Il fallait traverser la mort pour avoir accès à la lumière veritable (vie). C'est dans la mort de Jésus que nous avons accès à la présence veritable de Dieu.

Notons par la même occasion, que cette conception juive et biblique de la présence et de la gloire de Dieu qui réside parmi les hommes, sous la terminologie de Shrina, est une occasion pour présenter, sous un angle quelque peu nouveau, la présence du « logos » sur terre, du verbe de Dieu manifesté dans la personne du Messie Yéshoua.

La chose est donc claire, actée, sourcée et irréfutable : parler de la Shrina (Shekhina) pour désigner la présence de Dieu, sa manifestation, etc. est parfaitement biblique.

Dans la théologie et la philosophie médiévales, la Shekina est regardée comme la première entité créée — la lumière créée ou la Gloire créée —, intermédiaire entre Dieu et l'homme. C'est elle qui apparaît aussi aux prophètes dans la vision prophétique.

L'APPEL DE MOISE

Exode 3: 2; «**l'ange de l'Eternel lui apparu dans une flamme de feu, au milieu d'un buisson. Moise regarda; et voici, le buisson était tout en feu, et le buisson ne se consumait point.**»

L'écriture le souligne ; «le buisson était tout en feu, et le buisson ne se consumait pas». Ainsi l'appel de Moïse régorge plusieurs types de feu. Prénons un peu de hauteur, afin d'admirer un beau feu et découvrir l'histoire d'un arbre qui ne se consume pas;

a. **Le feu qui consume**;

C'est le feu de la destruction naturelle qui se limite sur la couche superficielle dans son action. Ce feu ne traverse pas l'esprit, il se limite au corps. C'est aussi l'image du feu d'Elie devant les quatre cent prophètes de Baal. Ce feu est un feu qui mange et bois, car il consuma l'holocauste et absorba l'eau qui était dans le fossé. **1Rois 18: 38**; «**et le feu de l'Eternel tomba, et il consuma l'holocauste, les bois, les pierres et la terre, et il absorba l'eau qui était dans le fossé.**»
A cause des œuvres, dans toute l'ancienne alliance les prophètes étaient équipés de feu naturel, pour faire fasse à l'opposition des énnemis visibles de Dieu. Nous savons tous que le feu symbolise l'esprit. Sur ce, la dimention de l'esprit prophétique de l'ancien testament, était celle du feu naturel allumé par les œuvres et qui ne mène pas l'homme intérieur à atteindre la transformation finale.

b. **Le feu qui brûle**;

C'est le feu de la transformation, qui atteint l'être véritable de l'homme. Ce feu traverse toutes les profondeurs de l'âme. C'est dans ce feu que Dieu appelait Moïse depuis le buisson. Donc, dans le feu de la parole, Dieu appelait Moise à la transformation. Cet appel à la transformation concerne tous les croyants du monde. «de meme que le buisson brûlait sans se consumer, de meme le jour de la pentecote, les langues de feu ont été repandues dans les hommes, au point qu'ils prononcèrent le feu sans se brûler. Le cœur du croyant peut recevoir le feu de l'esprit saint en lui sans causer de mort. Depuis l'appel de Moise, l'Eglise et les croyants sont symbolisés par cet arbre qui est couvert de feu sans en être devoré.

Etre spirituel c'est avoir la capacité d'écouter la parole dans le feu de l'esprit. C'est bien cette parole qui devait briser les liens de l'adoption de Moïse par la fille du pharaon. Cet appel depuis un arbre qui brûle sans se consumer, détermine le détachement nécessaire que Moïse devait opérer avec tout ce qui était éphémère, périssable et charnel.

C'est dans cet angle d'idée que Moïse symbolise Ekklésia, parce qu'il se détache du royaume de pharaon (ce monde) par le feu du buisson et se consacre à Dieu.

LA DIXIEME PLAIE

«Esser Makoth» expression que l'on traduit classiquement par ; «les dix plaies d'Egypte», alors qu'il serait plus juste de traduire par ; «les dix frappes ou coups» pour signaler une vraie guerre, un affrontement entre la grande puissance du monde (Satan) et le Dieu Tout Puissant. Cet affrontement représente en quelque sorte ce qui se passera entre le Christ et l'antichrist au temps de la tribulation pour libérer Israël.

Les dix frappes décrivent la confrontation presque directe entre Moïse et pharaon, une sorte de face-à-face, de mesure contre mesure. Au-delà de ces deux personnages, la confrontation était hautement spirituelle et engageait l'opposition des puissances du mal contre l'Eternel. Pharaon devait réunir tous les sorciers et mages de l'Egypte, pour mettre en place une machine de mort, qui visait l'éfficacité et la rentabilité de l'esclavage des hébreux. C'est la même chose que fera l'antichrist, en rassemblant les rois et puissances de la terre, pour essayer d'empêcher au peuple de Dieu d'entrer dans le Millenium.

Les sorciers se réunissent pour contrefaire le plan de bonheur que Dieu a pour son peuple, ils éssayent de faire face à l'autorité suprême pour empêcher la liberté des enfants de Dieu et prolonger leur malheur. Sur ce, les mages reproduirent plusieurs signes éxécutés par Moïse et Aaron, jusqu'à ce que Dieu dira un dernier mot.

Les dix frappes jouent le rôle d'un tribunal de l'histoire pour les peuples tyranniques et servent aussi de miroir à leur conscience. Sur ce, elles renferment le nom de Dieu «El Shaddai», EL+SHA+DAI, c'est-à-dire : le Dieu qui dit «dai» (assez), autrement le Dieu qui juge. C'est pourquoi les dix commandements seront donnés à Israël dans le désert, afin de protéger les croyants, quand le peuple manifesta contre YHWH l'incrédulité de Pharaon.

La plus simple raison des dix plaies, c'est de dire qu'il y a une justice, qu'il y a un juge dans le monde, qu'il y a une loi suprême et que la fin du méchant c'est de recevoir sa punition.

La fonction du juge (dayan) est de filtrer le conflit et proposer une limite (dire assez) afin d'insérer une mésure de miséricorde, recadrer l'auteur des actes injustes dans les strutures plus positives, plus morales, qui répondent à l'éxigence du bien. C'est pourquoi Dieu a choisi dix plaies afin de dire assez aux puissances du mal et dix commandements afin d'élargir les limitations de ses croyants.

Tout a commencé quand Dieu a permis la mort d'un agneau sans defaut, agé d'un an, pour chaque maison, chaque famille. Cette plaie était différente de toutes les autres précédantes. L'objectif des neuf prémières plaies, était de provoquer une prise de conscience chez les Egyptiens, comme le dit Moïse en Exode chapitre 9 ;

«Ainsi dit Dieu: par ceci tu sauras que je suis Dieu: je frapperai… les eaux du nil, et elles se transformeront en sang».

«Encore une fois, j'envoie toutes mes plaies… afin que tu saches que nul n'est comme Moi sur toute la terre.»

Là où les sorciers et mages de pharaon ont résisté contre Moïse et Aaron, l'Agneau a vaincu. Les mages egyptiens ont reproduit plusieurs signes de Moïse, mais la mort de l'agneau leur a causé des sérieux problèmes; ils ont rougi, pleuré et abandonné, ce qui leur a poussé à chasser Israël de leur pays.

Dans le camp des juifs, la différence de cette plaie était aussi qu'elle apportait le reveil ; dans chaque maison où l'agneau était immolé, la condition était de se tenir débout, enfilé les sandales, serrer la ceinture, afin de manger et sortir des liens d'esclavage. C'est ce que dit le prophète Joel ; «reveillez les heros, prérarez la guerre de l'Eternel».

C'est ici où nous disons que ; c'est par la mort de l'Agneau sans défaut que Dieu a appelé Isarel hors de l'Egypte (Ekklesia= appeler hors de). C'est par cette mort que l'esclave du péché reçoit le passport du paradis, par celle-ci l'esclave est appelé à formé le qahilah (assemblée de Dieu).

Cet agneau sans defaut a préfiguré le Christ qui a vaincu le grand pouvoir de satan et du monde des ténèbres par sa mort, dans le but de libérer le peuple de Dieu et fonder son Église. Ainsi précher la mort de Jésus-Christ c'est préparer la guerre de l'Eternel, donner aux croyant des sandalles (zelle), des ceintures, etc. pour leur introniser dans une nouvelle dimension de vie où ils retrouvent leur liberté totale ; c'est ça préparer l'esclave à devenir héritier.

LA VENUE DE LA LOI

«La loi de Dieu n'est pas au ciel, elle est sur la terre parmi les hommes, et les accompagne dans leurs histoires». Cette affirmation fait la beauté de la Torah. Ne parlons pas des dix commandements ici, parlons des dix paroles, du décalogue, parce qu'elles ne sont pas données dans le but de limiter la liberté de l'homme. Le décalogue ouvre un horizon de liberté que Dieu veut pour le peuple qu'il s'est choisi. Parce que l'Eternel est un Père d'amour, nous ne devons pas prendre le décalogue à la manière d'impératifs militaires. C'est pour nous l'ombre d'un plan merveilleux qui doit être coulé dans un moule pour être révélé dans sa forme véritable; le moule c'est Jésus.

Lire spirituellement les saintes écritures serait faire une lecture de feu. Nous devons comprendre l'ancien et le nouveau testament par le feu divin, qui pénètre dans toutes les profondeurs de l'âme.

On l'appelle «lecture typologique» du grec «typos» signifiant «moule» (comme moule à gateau): le nouveau testament raconte l'histoire de Jésus dans les «moules» fournis par les récits de l'ancienne alliance. Le nouveau testament est bercé dans l'ancien, et l'ancien est éclairé par le feu dans le nouveau.

D'une certaine façon, notre responsabilité spirituelle, est de faire en sorte que; «la loi de Dieu vive avec nous, pour nous accompagner dans notre destinée comme ce fut le cas des enfants des Jacob dans leur voyage vers la terre promise (pérégrination)».

Josué 1: 8; **«que ce livre de la loi ne s'éloigne point de ta bouche; médite-le jour et nuit... »**

Signalons ici que ; «la loi divine est avant tout, le contenu d'une alliance». Dans la Bible Dieu a contracté plusieurs alliances avec les hommes et dont, la toute première était celle avec tous les êtres et leur descendance. (**Genèse 9**).

Comme toute alliance, elle contient les engagements réciproques de chacune des parties ; Dieu s'engage à ne plus détruire l'humanité par les eaux, et les humains à leur tour doivent respecter ce que Dieu leur recommande.

La loi morale ne commence pas avec la venue des tables de la loi Mosaique. Car dans le récit de la création, il y a dans le jardin d'Eden, l'arbre de connaissance du bien et du mal. Cette connaissance du bien et du mal était assez confuse, il fallait qu'à partir du moment où il y a un peuple constitué, Dieu précise les règles de vie.

La précision des règles de vie vient dans la Torah avec 613 lois, dont 365 lois ayant la mention «tu ne feras pas». Valeur correspond au nombre des jours d'une année solaire ; 248 lois avec la mention «tu feras», correspondant au nombre des membres du corps.

Ainsi, ce sont les 613 lois de la Torah, qui doivent nourrire les 248 membres du corps humain, durant toutes les années que l'homme aura à passer sous le soleil. Transgresser un seul commandement pour nous les chrétiens avertis, doit être pris comme une cause de déterioration d'un de nos membres du corps, durant le cours de notre vie sur la terre, donc une cause d'infirmité, selon **Jean 9: 1-2** ; « **Jésus vit, en passant, un aveugle de naissance. Ses disciples lui firent cette question: Rabbi, qui a péché, cet homme ou ses parents, pour qu'il soit né aveugle?**» nous sommes avertis; le péché est une infirmité de l'âme, il trouble l'âme.

Le mal avec la venue de la loi de Moïse en était que ; «entre Joseph et Moïse, il se déroule environ 400ans». Ce qui empechera au peuple de bien connaître Dieu. Cela poussera Moïse à poser la question suivante quand l'Eternel l'envoie:

«Que dois-je repondre aux fils d'Israel lorsqu'ils me diront: qui t'envoie?»

Tout cela montre que la fidélité de Dieu dure des siecles, elle dure plus longtemps que la mémoire de l'homme. Jusqu'à ce que l'histoire de l'humanité prenne fin, Dieu sera toujours fidèle; la promesse faite à Abraham et Joseph YHWH l'a tenu, même quand son peuple avait déjà tendance à oublier l'Eternel, au profit des pratiques Egyptiennes.

Galates 3: 24-25 : **«ainsi la loi a été comme un pédagogue pour nous conduire à Christ, afin que nous fussions justifiés par la foi. La foi étant venue, nous ne sommes plus sous ce pédagogue**.»

Dans l'histoire de l'humanité, la pédagogie divine est progréssive: lors de l'exode, Dieu ne parle pas à Israel de la vie éternelle mais, plutôt d'alliance temporelle, c'est-à-dire de la loi ; «tu suis mes commandements, je te fais entrer dans le pays que je t'ai promis». Or ce pays a préfiguré la vie éternelle. C'est en ça que la loi fut pédagogue pour mener le peuple à Christ, le Canaan spirituel, qui a les paroles de la vie éternelle.

Jean 6: 68; **«Simon Pierre lui répondit: Seigneur, à qui irons-nous? Tu as les paroles de la vie éternelle.**»

Pour nous chrétiens, les commandements servent de base à notre action morale. Mais la parabole du jeune homme riche nous fait comprendre qu'il faut aller plus loin.

«Que dois-je faire pour avoir la vie éternelle?» (Mt 19: 16)

«Si tu veux être parfait… viens et suis-moi.» **(Mt 19: 21)** ce passage signifie autrement ; «si tu veux être parfait, devient Ekklésia (Eglise); détaches-toi du monde et attaches-toi au Seigneur»

Nous devons viser plus loin, parce que la finalité du Christ n'est pas d'obéir seulement à quelques commandements, mais de nous faire comprendre que Dieu est amour, et que notre finalité est d'incarner cette loi d'amour et de don de soi. C'est en quoi nous pouvons dire que nous avons accomplie la loi de Dieu, nous sommes Eglise.

LA REPRODUCTION DU MODELE DU TABERNACLE

Dans l'Ancien Testament, le tabernacle devait être l'habitation provisoire de Dieu, sa residence terrestre et le centre de ralliement de son peuple. Le Tabernacle originel est la tente qui abritait l'Arche d'alliance à l'époque de Moïse, sur laquelle reposait la gloire de Dieu.

Signalons ici qu'avant la venue de Jésus; "la lumière inaccessible de la Shékinah, était la forme visible de la manifestation du Dieu invisible, au milieu de son peuple. Seuls les deux Chérubins au-dessus du propitiatoire avaient l'accès directe à la Shékinah.

Les termes hébreux pour le designer le tabernacle sont Mishkan (משכן), Miqdash c'est-à-dire la Demeure, ou Tente d'Assignation (de Rencontre) (מועד אוהל). C'était un lieu de culte mobile pour les Hébreux depuis le temps de la sortie d'Égypte, puis de la conquête du pays de Canaan relatée dans le Livre des Juges, jusqu'à ce que ses éléments fassent partie du Temple de Salomon.

Nous avons remarqué que dans toute la Bible, YHWH ne sied pas là où il n'a pas une démeure qui lui est propre; Dieu n'est pas un locataire, il est créateur. Tandis que nous ne lui donnons pas entièrement notre vie comme une maison qui lui est propre, il n'enverra pas son esprit habiter en nous.

Ainsi nous pouvons dire que; "l'Exode du peuple juif a été marqué par la cohabitation divine; l'homme commence à prendre l'habitude de cohabiter avec Dieu mais, à une certaine distance respectueuse; à partager avec Dieu la même vie par le moyen de l'alliance mais, en respectant certains precepts, etc".

Aujourd'hui la Shékinah qui était sur le propitiatoire de l'arche de l'alliance, couverte d'ailes des chérubins, est dans les coeurs des convertis pour marquer la presence veritable de Dieu, non à une certaine distance mais de près, non par certains precepts mais par la grâce.

Ephésiens 2: 13

« Mais maintenant, en Jésus-Christ, vous qui étiez jadis éloignés, vous avez été rapprochés par le sang de Christ. »

Aujourd'hui l'Arche qui portait les tables de la loi en elle, c'est le Coeur de l'homme dans lequel Christ a scellé sa loi. (Josué 1: 8).

Fonction du Tabernacle

Selon le Livre de l'Exode, chapitre 25, le Tabernacle était une demeure visible de Dieu, au sein de la nation que YHWH avait choisi d'adopter: **« Ils me feront un sanctuaire et j'habiterai au milieu d'eux »**

Brièvement exposé, le Tabernacle était une construction faite d'une série de planches de bois de sittim (acacia), recouvertes ou plaquées d'or, reposant sur des socles d'argent, et solidement retenues ensemble par des barres de même bois également recouvertes d'or.

Cette construction avait 10 coudées de large, 10 coudées de haut et 30 coudées de long, et était ouverte sur la façade est. Elle était recouverte par une grande toile de lin blanc, entrelacée de figures de chérubins, en bleu, en pourpre et en écarlate. L'ouverture de la façade était fermée par une courtine d'une toile semblable à celle de la couverture, et était appelée « la porte » ou premier voile.

Un autre rideau de la même toile, pareillement brodé de figures de chérubins, appelé « le Voile » (ou Second Voile), était suspendu de manière à diviser le Tabernacle en deux appartements. Le premier de ces appartements, le plus grand, qui avait 10 coudées de large et 20 coudées de long, était appelé le « Saint ». Le second appartement, celui qui était en arrière, de 10 coudées de long et de 10 coudées de large, était appelé le « Saint des saints ». Ces deux appartements constituaient le tabernacle proprement dit ; et une tente fut élevée au-dessus pour l'abriter. Cette tente était faite d'une couverture de drap (cachemire) de poil de chèvre, d'une autre de peaux de béliers teintes en rouge, et d'une autre de peaux de veaux marins.

Le Parvis

Le Tabernacle était entouré d'une cour ou « Parvis » à l'extrémité duquel il se trouvait. Ce parvis de 50 coudées de large et 100 coudées de long, était formé par une clôture de courtines de lin, suspendues par des agrafes d'argent, placées au sommet de poteaux de bois ayant 5 coudées de haut, qui étaient eux-mêmes enchâssés dans de pesants socles de cuivre (mal traduit par « airain »), et tendues, comme la tente qui couvrait le Tabernacle avec des cordes et des épingles. L'enclos tout entier était une place sainte, et, en conséquence, appelée le « Lieu Saint », ou le « Parvis du Tabernacle ». Son ouverture était du côté de l'est, comme la porte du tabernacle, et on l'appelait la « Porte ». Cette « Porte » était de lin blanc, entremêlé de bleu, de pourpre et cramoisi.

Les trois entrées, la « Porte du Parvis », la « Porte du Saint », et le « Voile » du Saint des Saints », étaient de même toile et des mêmes couleurs. En dehors du Tabernacle et de son « Parvis », se trouvait le « Camp » d'Israël, qui l'entourait de tous côtés, à une distance respectueuse.

Le mobilier

Le mobilier du « Parvis » ne comprenait que deux meubles principaux : « l'Autel d'airain ou l'autel des sacrifices *(Ex 27 v 1-8) » et la « Cuve d'airain (Ex 30 v 17-21) », avec leurs ustensiles respectifs.

En dedans de la porte, et immédiatement en face d'elle, se trouvait « l'Autel d'airain ». Cet autel était en bois, recouvert de cuivre, et avait 5 coudées carrées et 3 coudées de haut. Divers ustensiles appartenaient à son service : « vases à feu », (appelés encensoirs), pour transporter le feu à « l'Autel des parfums », le bassins (pour recevoir le sang), fourchettes, pelles, etc. Ensuite, entre « l'Autel d'airain » et la porte du Tabernacle, était la « Cuve ». Elle était faite de cuivre poli et contenait de l'eau. Les sacrificateurs s'y lavaient avant d'entrer dans le Tabernacle.

Le mobilier du Tabernacle se composait d'une « Table », d'un « Chandelier », d'un « Autel des parfums » dans le « Saint » ; et de l' « Arche de Témoignage » dans le « Saint des saints ».

Dans le premier appartement du Tabernacle, le « Saint », du côté droit en entrant (nord), se trouvait la « table des pains de proposition ». Elle était en bois recouvert d'or, et, sur cette table, étaient placés douze pains sans levain en deux piles, avec de l'encens au sommet de chaque pile (Lévitique chapitre 24 : versets 6 et 7). Les sacrificateurs seuls pouvaient manger de ce pain ; il était saint et il était renouvelé chaque septième jour ou sabbat.

Du côté opposé à la « Table des pains de proposition », se trouvait le « Chandelier », fait d'or pur battu (martelé), ayant sept branches et une lampe à chaque branche. C'était la seule lumière dans le « Saint », car la lumière naturelle était obscurcie par les voiles et les courtines et il n'y avait aucune fenêtres. Ses sept lampes étaient nettoyées, arrangées, pourvues d'huile, etc. par le Souverain Sacrificateur lui-même qui, en même temps, offrait l'encens sur l'« Autel d'or ».

Plus loin, tout près du « Voile » se trouvait un petit autel de bois recouvert d'or, appelé « l'Autel d'or » ou « l'Autel des parfums ». Là, il n'y avait pas de feu, sauf lorsque le sacrificateur en apportait dans les encensoirs qui étaient placés au sommet de cet « Autel d'or », et qu'il émiettait l'encens dessus. Il se produisait alors une fumée odoriférante ou parfum qui, remplissant le « Saint », pénétrait aussi au-delà du « Second Voile, dans le Saint des saints ».

Au-delà du « Voile, dans le « Saint des saints », il n'y avait qu'un seul meuble : l'« Arche d'alliance » : sorte de coffre rectangulaire, fait de bois recouvert d'or, muni d'un couvercle d'or pur, appelé le « Propitiatoire ». Par-dessus (et tirés de la même masse) étaient deux chérubins en or battu. Dans cette « Arche » (sous le Propitiatoire) étaient placés le vase d'or contenant la manne, la verge d'Aaron qui avait fleuri, et les deux Tables de la Loi (Épître aux Hébreux chapitre 9 verset 4). Une lumière surnaturelle apparaissait sur le Propitiatoire et brillait entre les chérubins, représentant la présence divine. C'était la seule lumière du « Saint des saints ».

Chérubin

ange ailé, le chérubin ou angelot est une figure d'ange qu'on trouve dans la religion juive et chrétienne. Leur figure originale est une « créature de sainteté », au physique qui mélange les quatre facettes de Dieu; le lion, le taureau, l'aigle et l'homme. (Ap 4: 7).

Étymologie

Le mot « chérubin » vient du latin ecclésiastique cherub (pluriel cherubin), transcription de l'hébreu כרוב (kerūv), pluriel כרובים (keruvīm). Mais le terme serait d'origine assyrienne. Dans cette langue, « kéroub » ou « karibu » signifierait « celui qui prie » ou « celui qui communique ».

Dans la Genèse, des chérubins gardent l'arbre de vie avec un glaive tournoyant (Genèse 3:24), après que Dieu eut chassé Adam et Ève du jardin d'Éden.

Le Livre de l'Exode décrit la représentation de chérubins sur l'Arche d'alliance (Exode 25:18-22) :

« Tu feras deux chérubins d'or, tu les feras d'or battu, aux deux extrémités du propitiatoire ; fais un chérubin à l'une des extrémités et un chérubin à l'autre extrémité ; vous ferez les chérubins sortant du propitiatoire à ses deux extrémités. Les chérubins étendront les ailes par-dessus, couvrant de leurs ailes le propitiatoire, et se faisant face l'un à l'autre ; les chérubins auront la face tournée vers le propitiatoire. Tu mettras le propitiatoire sur l'arche, et tu mettras dans l'arche le témoignage, que je te donnerai. C'est là que je me rencontrerai avec toi ; du haut du propitiatoire, entre les deux chérubins placés sur l'arche du témoignage, je te donnerai tous mes ordres pour les enfants d'Israël. »

Avec leurs ailes étendues, les deux chérubins forment des sortes d'écouteurs entre lesquels Moïse entend la voix de l'Éternel; ils communiquent.

Nombres 7: 89

« **Lorsque Moïse entrait dans la tente d'assignation pour parler avec l'Éternel, il entendait la voix qui lui parlait du haut du propitiatoire placé sur l'arche du témoignage, entre les deux chérubins. Et il parlait avec l'Éternel**. »

Plus tard seront confectionnées deux statues monumentales de chérubins, côte-à-côte, aux ailes déployées couvrant toute la largeur du Temple de Salomon.

1 Rois 6.23-28

« **Il fit dans le sanctuaire deux chérubins de bois d'olivier sauvage, ayant dix coudées de hauteur. Chacune des deux ailes de l'un des chérubins avait cinq coudées, ce qui faisait dix coudées de l'extrémité d'une de ses ailes à l'extrémité de l'autre. Le second chérubin avait aussi dix coudées. La mesure et la forme étaient les mêmes pour les deux chérubins. La hauteur de chacun des deux chérubins était de dix coudées. Salomon plaça les chérubins au milieu de la maison, dans l'intérieur. Leurs ailes étaient déployées: l'aile du premier touchait à l'un des murs, et l'aile du second touchait à l'autre mur ; et leurs autres ailes se** rencontraient par l'extrémité au milieu de la maison. Salomon couvrit d'or les chérubins. »

Les chérubins sont au centre de la vision d'Ézéchiel (Ez 10) :

« Je regardai, et voici, sur le ciel qui était au-dessus de la tête des chérubins, il y avait comme une pierre de saphir ; on voyait au-dessus d'eux quelque chose de semblable à une forme de trône.

Et l'Éternel dit à l'homme vêtu de lin : Va entre les roues sous les chérubins, remplis tes mains de charbons ardents que tu prendras entre les chérubins, et répands-les sur la ville ! Et il y alla devant mes yeux.

Les chérubins étaient à la droite de la maison, quand l'homme alla, et la nuée remplit le parvis intérieur.

La gloire de l'Éternel s'éleva de dessus les chérubins, et se dirigea vers le seuil de la maison ; la maison fut remplie de la nuée, et le parvis fut rempli de la splendeur de la gloire de l'Éternel.

Le bruit des ailes des chérubins se fit entendre jusqu'au parvis extérieur, pareil à la voix du Dieu tout-puissant lorsqu'il parle.

Ainsi l'Éternel donna cet ordre à l'homme vêtu de lin : Prends du feu entre les roues, entre les chérubins ! Et cet homme alla se placer près des roues.

Alors un chérubin étendit la main entre les chérubins vers le feu qui était entre les chérubins ; il en prit, et le mit dans les mains de l'homme vêtu de lin. Et cet homme le prit, et sortit. On voyait aux chérubins une forme de main d'homme sous leurs ailes.

Je regardai, et voici, il y avait quatre roues près des chérubins, une roue près de chaque chérubin ; et ces roues avaient l'aspect d'une pierre de chrysolithe.

À leur aspect, toutes les quatre avaient la même forme ; chaque roue paraissait être au milieu d'une autre roue.

En cheminant, elles allaient de leurs quatre côtés, et elles ne se tournaient point dans leur marche ; mais elles allaient dans la direction de la tête, sans se tourner dans leur marche.

Tout le corps des chérubins, leur dos, leurs mains, et leurs ailes, étaient remplis d'yeux, aussi bien que les roues tout autour, les quatre roues.

J'entendis qu'on appelait les roues tourbillon.

Chacun avait quatre faces ; la face du premier était une face de chérubin, la face du second une face d'homme, celle du troisième une face de lion, et celle du quatrième une face d'aigle.

Et les chérubins s'élevèrent. C'étaient les animaux que j'avais vus près du fleuve du Kebar.

Quand les chérubins marchaient, les roues cheminaient à côté d'eux ; et quand les chérubins déployaient leurs ailes pour s'élever de terre, les roues aussi ne se détournaient point d'eux.

Quand ils s'arrêtaient, elles s'arrêtaient, et quand ils s'élevaient, elles s'élevaient avec eux, car l'esprit des animaux était en elles.

La gloire de l'Éternel se retira du seuil de la maison, et se plaça sur les chérubins.

Les chérubins déployèrent leurs ailes, et s'élevèrent de terre sous mes yeux quand ils partirent, accompagnés des roues. Ils s'arrêtèrent à l'entrée de la porte de la maison de l'Éternel vers l'orient ; et la gloire du Dieu d'Israël était sur eux, en haut.

C'étaient les animaux que j'avais vus sous le Dieu d'Israël près du fleuve du Kebar, et je reconnus que c'étaient des chérubins.

Chacun avait quatre faces, chacun avait quatre ailes, et une forme de main d'homme était sous leurs ailes.

Leurs faces étaient semblables à celles que j'avais vues près du fleuve du Kebar ; c'était le même aspect, c'était eux-mêmes. Chacun marchait droit devant soi. »

Quant au nom de Chérubin, on l'emploie pour signifier un certain excès de science, si bien qu'on le traduit par « plénitude de science ». Ce que Denys explique de quatre manières:

1. par rapport à leur parfaite vision de Dieu ;
2. par rapport à leur pleine réception de la lumière divine;
3. par rapport au fait qu'en Dieu ils contemplent la beauté de l'ordre des choses dérivé de Dieu;
4. enfin, par rapport à cet autre fait qu'étant remplis d'une telle connaissance, ils la diffusent avec abondance sur les autres. Ainsi ils symbolisent les apotres de Jésus-Christ, qui diffusent la lumière de Dieu, par la predication des mystères de son Royaume de Lumière. Tout celui qui exerce un ministère, fait la function du "chéruv", function du gardien de l'arbre de vie (doctrine de Jésus) et diffiseur de sa Lumière (vie) dans le monde.

Arche de l'alliance

L'Arche d'alliance (en hébreu אֲרוֹן הָעֵדוּת, Aron ha'Edout, « Arche du témoignage ») est le coffre qui, selon la Bible, contient les Tables de la Loi (Dix Commandements) données à Moïse sur le mont Sinaï.

C'est un coffre oblong de bois recouvert d'or. Le propitiatoire, surmonté de deux chérubins qui en forment le couvercle, est considéré comme le trône, la résidence terrestre de Yahvé. Lorsque le tabernacle fut terminé, l'arche fut placée dans le saint des saints, la partie la plus centrale du Temple de Salomon.

Étymologie du mot « Arche »

L'Arche d'alliance qu'abritent successivement le tabernacle de l'Exode puis le Saint des saints du Temple de Jérusalem se nomme en hébreu אֲרוֹן (Arôn), « coffre, caisse », terme utilisé 202 fois dans 174 versets de l'Ancien Testament. Ce n'est pas le même terme que celui utilisé pour l'Arche de Noé et pour le panier de Yokébed déposant Moïse sur le Nil. Dans ce cas, le mot hébreu est תֵּבָה (tebah), « sanctuaire, sarcophage ». Ainsi, nous voyons que; depuis l'enfance, la place du prophète Moïse devant Dieu, était le sanctuaire, le lieu saint où sa mère l'avait déposé parmi les roseaux, et non pas le lieu très saint dans lequel seul le Messie pouvait entrer.

Deux termes ont été traduits dans la Vulgate par un seul mot en latin, arca, signifiant « meuble, armoire, caisse, coffre », mais aussi « sarcophage, cercueil », et qui a donné « arche » en français par confusion avec le latin arcus, « arc, voûte ».

CHAPITRE 3

JACOB LE TYPE DE L'EGLISE

Voici les questions dont nous nous posons pour aborder ce personnage biblique dans le but de révéler le mystère de la précieuse épouse du Seigneur qui est EKKLESIA;

Qui est Jacob dans les Écritures ?

Qui est son frère Esaü ?

Comment le petit dernier de famille est-il devenu la figure d'Israël ?

Il est préférable de parler de Jacob à la place d'Edom, parce que;

1. Edom symbolise le premier Adam qui a vendu son droit d'aînesse à cause de la nourriture. Cependant Jacob c'est l'image du dernier Adam qui rachète le droit d'aînesse. C'est pourquoi Paul dit: "ce qui est spirituel n'est pas le premier, c'est ce qui est animal; ce qui est spirituel vient en suite". (1Corinthiens 15: 46).

2. Un chevreau a été immolé pour aveugler Isaac et détourner la bénédiction. C'est par la mort de Jésus-Christ que Dieu peut bénir aveuglement toutes les nations de la terre sans voir leurs péchés, en faisant d'elles héritières de son Royaume. Galates 3:28 dit: "il n'y a plus ni juif ni grec, il n'y a plus ni esclave ni libre, il n'y a plus ni homme ni femme; car tous vous etes un en Jésus-Christ".

Nous pouvons signaler ici trois aspects sur Jacob, avant de toucher au vif de notre débat;

Le premier aspect est indiqué par le nom « Jacob » (יעקב écrit sans vav)

Le second est indiqué par le nom « Jacob » (יעקוב) écrit avec un vav, comme dans le verset « Et je me rappellerai Mon Alliance avec Jacob » (Lévitique 26, 42).

Le troisième est indiqué par l'autre nom de Jacob, « Israël » (ישראל).

La différence de ces trois noms nous fait penser aux trois aspects de l'âme : Nephesh, Ruach et Neshamah.

Nephesh, l'âme vitale, est indiquée par le nom « Jacob » écrit sans Vav. Nephesh désire, mange, boit et est doué de sensibilité. C'est le siège des fonctions physiologiques (respiration, circulation, digestion, excrétion, reproduction). Signalons aussi que; l'ame vient de anima, pour designer l'animal insatisfait. Nous savons tous qu'il était interdit à un juif de manger un animal impure, c'est-à-dire le juif se souille premièrement à partir de son âme vitale. C'est par le desire charnel que l'âme se souille.

Ainsi, le premier niveau de la manifestation de l'être invisible de Jésus-Christ par son épouse, c'est quand la mangeoire et l'abreuvoir des saints reflétent sa vie parmi les hommes. C'est en quelque sorte ça Nephesh. La force vitale de l'Église c'est la parole de Dieu, c'est elle qui purifie l'Eglise, et quand elle n'est pas pure, elle la souille ou la profane.

La Ruach, l'âme émotionnelle, est indiquée par le nom « Jacob » écrit avec Vav. C'est le siège des sentiments (amour, haine, joie, colère, envie).

Le second niveau dans lequel l'être invisible de Jésus-Christ doit se manifester dans l'Église, c'est dans l'amour et la communion fraternelle qui produisent la joie de Dieu et la sainte colère dans les coeurs des amis du Très Haut.

La Neshamah, l'âme intellectuelle, est indiquée par le nom « Israël ». C'est le siège de l'intuition et de la raison. Ce niveau, relié à la source divine, contient l'étincelle que chacun a reçue à la naissance et qui marque son élection divine.

Le terme « souffle de vie » correspond au terme original « Nishmat hayim » : « souffle de vies » . Nishmat est l'état construit de neshama (souffle ou âme) et hayim est le pluriel de haya (vie). Dans la version hébraïque, "vie" est toujours au pluriel, comme panim (les faces, les visages).

Neshamah permet à l'esprit humain de fusionner avec Dieu selon l'élection, et d'atteindre le domaine de l'essence divine.

Signalons aussi qu'avant de lutter contre Dieu, Jacob devait traverser la rivière de Yabok. Le nom Yabok contient ces 3noms de Dieu dont: "YHVH, EHYEH et Adonaï".

Si pour rencontrer Dieu il fallait traverser Yabok, cela signifierait qu'il faut traverser les desires de l'ame (Nephesh) et ses émotions (Ruach), afin d'avoir accès à l'homme spiritual ou intellectuel (Neshamah), qui symbolise le monde de la connaissance parfaite, le monde de la fusion avec le divin qui existe derrière le viole de l'ignorance.

Neshamah c'est le plus haut niveau dans lequel l'être invisible du Christ (Eglise) se manifeste dans l'homme, par la spiritualité, c'est-à-dire par l'amour de Dieu et la connaissance des mystères de son Royaume.

C'est après avoir traversé Yabok que Jacob va rencontrer Dieu. Au delà de Yabok c'est le monde de la fusion avec l'essence divine, de la connaissance parfaite et dans celui-ci l'homme a la capacité de lutter pour sa bénédiction. Au delà de Yabok l'homme entre dans sa saison et Dieu proclame la victoire de celui-ci sur toute la creation, parce qu'il a réussi à déclencher son potentiel spirituel, en luttant contre les désirs de son ame et ses émotions.

Pour vaincre Dieu il faut sortir de l'ignorance, en brisant les émotions et les désirs de la chair. Cette victoire de Jacob symbolise le combat qui oppose le pilier de la miséricorde au pilier de la rigueur. Car pour entrer dans la grâce, il faut se frotter à la loi jusqu'à y mourir oui, jusqu'à y mourrir.

La porte de la grâce s'appelle la "renaissance"; elle renferme la victoire de la lumière, qui est Jésus la vie des hommes. La porte de la grâce c'est le chemin du dévoilement, qui mène l'homme à la revelation finale, au Tavah (croix). Ainsi, la victoire du monde de Lumière, s'appelle "révélatiion finale" qui est le bois par lequel le voile se déchire.

Dans toute la Bible, c'est avec l'épée qu'on tuait le roi, mais Saul est mort par la meule du moulin. C'est la croix.

Après la lutte Jacob devient Israël. Le nom « Israël » peut aussi être permute, afin d'épeler « une tête pour Moi ». Cette tete est une forme de supériorité de l'homme spirituel sur son être animal ou sa partie charnelle.

– Israël : Yod Shin Resh Aleph Lamed (ישראל) ;

– « Li rosh » (« une tête pour moi ») : Lamed Yod

Ceci indique qu'Israël contient la capacité d'atteindre les plus hauts niveaux dans le combat, c'est-à-dire la tête, la Sainteté qui est le résultat d'une vraie transformation acquise après la lutte avec soi-meme, c'est-à-dire après la victoire sur son être animal.

Le siège de la Neshamah est dans la tête, dans le cerveau ; le siège de la Ruach est dans le cœur ; et le siège de la Nephesh est dans le foie. Nous trouvons ce fait en allusion dans le mot « Malakh » (roi, מלך) dont les lettres sont les initiales des mots pour cerveau (« moah »), cœur (« leb ») et foie (« kaved »). Cela indique également que la conscience de l'homme descend de son cerveau vers son cœur et ensuite vers son foie; donc, que l'intellect gouverne les émotions qui déterminent la manière d'agir.

Nephesh, Ruach et Neshamah renferment le trajet qui révèle la descente de Dieu vers les niveaux inférieurs de la réalité, afin de la transformer en un lieu d'habitation ("makom") pour Dieu. Cela pour dire; quand on devient spirituel, notre réalité devient l'habitation de Dieu.

Entrons dans le vif du debat;

Jacob est un des personnages les plus importants de l'Ancien Testament.

Abraham est le père d'Isaac qui est le père de Jacob. Le livre de la Genèse raconte l'histoire de la naissance de ce Jacob qui va devenir aussi important que son père et son grand-père.

Voici la famille d'Isaac, fils d'Abraham. Abraham engendra Isaac. Isaac était âgé de quarante ans quand il prit pour femme Rebecca, fille de Bathuel l'Araméen. Isaac implora YHWH pour sa femme, car elle était stérile. YHWH l'exauça et Rebecca, sa femme, devint enceinte. Et les enfants se heurtaient dans son sein et elle dit :

– S'il en est ainsi, pourquoi cela m'arrive-t-il ?

Et elle alla consulter YHWH. Et YHWH lui dit :

– Deux nations sont dans ton sein et deux peuples se sépareront hors de tes entrailles et un peuple sera plus fort qu'un autre peuple et le plus grand servira le plus petit.

Le temps où elle devait enfanter arriva. Et voici, il y avait des jumeaux dans son sein !

Celui qui sortit le premier était roux, tout velu comme un manteau de poils, et ils l'appelèrent Esaü.

Après quoi sortit son frère, tenant dans sa main le talon d'Esaü. On l'appela Jacob.

Isaac était âgé de soixante ans quand ils naquirent. Ces garçons grandirent. Esaü devint un habile chasseur, un homme des champs ; mais Jacob était un homme paisible, qui restait près des tentes.

Chapitre 25, versets 19 à 27

Jacob : Ya'aqov en hébreu vient de la racine 'eqev qui signifie « talon » : c'est le jumeau qui s'accroche au talon de son frère, qui va le talonner en somme. Donc, en résumé Jacob = « talonneur » ! Le texte hébreu dit de Jacob qu'il était petit, jeune pour désigner son statut social inférieur. Il est le cadet.

Jacob le plus petit, rusé et préféré de Rebecca sa mère, devient un des hommes les plus importants de l'Histoire.

La Bible nous surprend. YHWH, le Dieu vivant, rayonne de toute la liberté de ses choix à Lui : c'est le petit, Jacob, qui deviendra patriarche lui-même et héritier des promesses.

[Le talon de ʿEssaw] [est] signe que l'un [en l'occurrence ʿEssaw], n'aura même pas terminé sa période de domination, avant que l'autre [à savoir Yaʿaqov], se soit dressé pour lui reprendre le pouvoir.». C'est ce que regorge la malédiction du serpent en Eden, face au talon de la postérité de la femme; Christ la postérité de la femme est le talonneur en somme.

La lutte de Jacob avec l'Ange, c'est cela aussi : surmonter dans l'existence d'Israël l'angélisme de la pure intériorité.

Remarquez avec quel effort la victoire se donne ici. D'ailleurs, personne n'est vainqueur ! C'est plutot la religion de Jacob qui reste un peu boiteuse quand se relâche l'étreinte de l'Ange. Cette lutte n'est jamais terminée.

Comme Jacob faisait un bouillon, Esaü arriva des champs, épuisé de fatigue.

Esaü dit à Jacob :

– Laisse-moi donc manger de ce roux, de ce roux-là, car je suis fatigué (c'est pour cette raison qu'[Esaü] est nommé Edom – le Roux).

Jacob répondit :

– Vends-moi tout de suite le droit d'aînesse.

Esaü répondit :

– Je meurs [de faim]... à quoi bon mon droit d'aînesse ?

Jacob dit :

– Aujourd'hui, jure-le-moi !

Esaü le lui jura et vendit son droit d'aînesse à Jacob. Alors Jacob donna à Esaü du pain et un bouillon de lentilles ; celui-ci mangea et but puis il se leva et s'en alla. Esaü méprisa le droit d'aînesse.

Chapitre 25, versets 29 à 34

Jacob est parfois dit « l'usurpateur », « le trompeur » ou « le tricheur » : il a tout de même osé profiter de la fatigue extrême de son frère Esaü pour lui ravir un bien unique et précieux !

Pour autant, cela ne fait pas de Jacob purement et simplement un voleur, puisque vendre ses droits à l'héritage paternel en échange de biens matériels était une pratique admise ou du moins possible à l'époque.

Esaü démissionne aisément de son statut, n'assume pas la responsabilité qui lui incombe et « méprise » son droit d'aînesse. C'est là un comportement étonnant. Tout ça pour des lentilles… Il symbolise les enfants de Jacob qui méprisèrent leur statut du "qahal Yahvé" en courant derrière les idoles et en rejetant ainsi le Christ de Dieu.

RACHEL

(Raḥel) : la brebis. Dans le langage courant, les moutons désignent un ensemble où la femelle est la brebis et le mâle le bélier, tandis que le jeune mâle est un agneau et la jeune femelle une agnelle.

L'agneau ou le bélier c'est Jésus, l'agnelle ou la brebis c'est l'Église. Ainsi nous révélerons ici les critères de Rachel en rapport avec la vie de l'Église.

Rachel était une femme sage et très instruite. Quand elle accepta de donner à Léa le mot de passe qui permettrait à sa sœur de devenir la première – et unique « légitime » – épouse de Jacob, elle était pleinement consciente de l'étendue de son sacrifice.

Dans la révélation, Rachel est le type d'Israël pour qui l'époux Jésus avait travaillé mais, qui l'a laissé contracté une alliance de mariage avec les nations pendant le temps de la grâce, afin d'entrer dans le mariage après le dernier convertis des nations.

Romains 11:25 *:* **"Car je ne veux pas, frères, que vous ignoriez ce mystère, afin que vous ne vous regardiez point comme sages, c'est qu'une partie d'Israël est tombée dans l'endurcissement, jusqu'à ce que la totalité des païens soit entrée."**

Les Patriarches et Moïse furent formidables. Mais ils n'avaient rien qui puisse rivaliser, même de loin, avec le sacrifice de Rachel, celui de céder son mariage à sa sœur.

En donnant Jacob à sa sœur, Rachel a tout sacrifié. Cela équivaut au renoncement à la vie physique, matérielle et mondaine que tout vrai convertis doit opérer pour l'amour et l'honneur de la foi qu'il exhibe envers son Dieu, c'est-à-dire pour devenir membre de l'Église.

Selon ce que Jésus-Christ a dit en *Mathieu 10:39* **"Celui qui conservera sa vie la perdra, et celui qui perdra sa vie à cause de moi la retrouvera."** Nous pouvons affirmer que: le mariage que Rachel avait cédé à Léa, elle devait le retrouver. Sous cet angle d'idée, nous devons être en mesure de nous sacrifier pour les autres et apprendre à donner les choses des valeurs.

La vie chrétienne est une vie de renoncement et de sacrifice. Rachel a tout sacrifié, son avenir physique, son bonheur, etc. pour le bien de sa sœur. Elle est un exemple pour l'Église: toujours comme Christ s'est entièrement livré pour nous, sacrifions-nous aussi les uns pour les autres dans le Seigneur.

Tout le travail que Jacob a accompli chez Laban, était pour Rachel uniquement. Cependant, lorsqu'il fallait qu'elle entre sous le dais nuptial, Laban y plaça sa sœur à sa place. Rachel garda silence et ne se révolta point, plutôt elle céda sa nuit des noces. Quel sacrifice.

Le plus gros commandement demeure l'amour de Dieu et du prochain. Et c'est ce qui fait de Rachel une reference, un vrai modèle de la chrétienté.

L'EPOUSE DU CHRIST (Conclusion)

Nous avons choisi deux mots pour désigner une épouse, le premier c'est " 'Ishshah" qui se prononce "ish-shaw"; le deuxième mot c'est "kallah" qui se prononce "kal-law". Ils supportent les définitions suivantes;

- Femme (contraire de l'homme). Car à la creation de l'homme Dieu a dit, mais à la creation de la femme il a pris un ossement et fit.
- Epouse (mariée à un homme). Ekklésia est un bien privé qui ne peut etre touché par un autre époux (divinité, puissance, domination, etc).
- Femelle (des animaux)
- Chaque, chacun (pronom)
- Prostituée. (celle qui s'échange contre un pain)
- belle-fille. (celle qui entre dans la chambre de sa belle mere)

« 'ishshah » est traduit dans la Louis Segond par :

femme(s) 746, femelle, enfants, chacune, ensemble.

1er Exemple: **Genèse 2.22**

"L'Éternel Dieu forma une femme ('ishshah) de la côte qu'il avait prise de l'homme, et il l'amena vers l'homme."

Ici Dieu crée Eve, Ève se dit en hébreu "Ḥawwāh". Ce nom signifie « la vivante » pour désigner celle qui accouche, ou « celle qui donne la vie » en lien avec ḥāyâ « vivre », c'est-à-dire celle qui conserve la semence, la déploie ou la fait vivre. Elle est le cheval blanc d'Apocalypse 19 qui était chevauché par celui qui s'appelle la "Parole de Dieu".

C'est l'Église qui détient le mystère de la vie de Jesus-Christ et qui le proclame à travers l'Évangile de sa mort. La parole de vie est une semence dans l'Église qui doit etre gardée pure, semée dans les vies des croyants avec respect.

Pour être limpide, dire "Ḥawwāh" (Eve) c'est l'équivalent de dire: "côte vitale". Adam affirme qu'Ḥawwāh est son os, qu'elle est sa chair. Ainsi "Ḥawwāh" représente Adam sous la forme vitale, Adam la semence; l'humanité semée; L'Eglise porteuse de la semence de l'époux.

Eve illustre l'Église, la forme vitale de Jesus-Christ qui a la vocation de l'accompagner ou le Représenter dans la proclamation du royaume de Dieu pour le salut des hommes; Eve a accompagné Adam dans l'implatation de la race humaine sur la terre.

En tant qu'épouse du Seigneur, l'Église demeure porteuse de la semence du Christ, celle qui évangélise le monde et multiplie les nombre des convertis.

La fécondité de L'Église marque la victoire du royaume de lumière sur le royaume des ténèbres. D'où L'Église n'a pas droit à la stérilité spirituelle et elle doit se séparer du monde comme Abraham, Jacob et Moïse.

C'est par ces quelques lignes que nous concluons notre message. Que le Seigneur Jésus vous illumine de son Esprit Saint.

DU MEME AUTEUR

Aleph et Beith le nom du Père

4 Langages de l'Évangile

Mystère de la grossesse prophétique

Les prostitué dans la généalogique du Messie

Le Mystère de l'œil crevé

Le Mystère de la langue liée

Le songe de l'un dans le songe de l'autre

Le Ministère de la parole

Nom: Henock Ndala Etercretheos

Facebook: Henock Ndala Etercretheos

TikTok: Etercretheos777

E-mail: ndalahenock777@gmail.com

I want morebooks!

Buy your books fast and straightforward online - at one of world's fastest growing online book stores! Environmentally sound due to Print-on-Demand technologies.

Buy your books online at
www.morebooks.shop

Achetez vos livres en ligne, vite et bien, sur l'une des librairies en ligne les plus performantes au monde!
En protégeant nos ressources et notre environnement grâce à l'impression à la demande.

La librairie en ligne pour acheter plus vite
www.morebooks.shop

MIX
Papier aus verantwortungsvollen Quellen
Paper from responsible sources
FSC® C105338

Printed by Books on Demand GmbH, Norderstedt / Germany